風神雷神は なぜ笑っているのか

対話による鑑賞完全講座

上野行一
Koichi Ueno

光村図書

秋でしょう。だってさ、霧が出ている。
霧っていうか、地面浮いてない？

失恋したあとに恋が芽生えて
緑色の木が生えてきたとき、
という感じ。

木は縦長なのに、紙を横に使って
なんか上の方が描かれてなくて、
そこに緑の木があるから、
それが描きたかったのかなあ。

緑の木は夏を表していて、
絵全体は夏が終わったあとの秋とかみたいで……
鳥は来年の夏が待ち遠しいんじゃないかなぁ。

あなたは上の絵を見て何を感じますか？どんなことを考えますか？

さあ、あなたは何を感じ、どんなことを考えましたか？
静かな秋の林の中、枯れ葉が積もる里山……
そのように感じたかもしれません。

ここでもう一度、
前のページを読んでみましょう。
ここに集めた言葉は、
すべて中学生たちの感想です。
一三、一四歳の生徒たちが
絵をこのように鑑賞しているのです。
彼らはこの絵の予備知識もなく、
描いた画家のことも
知りません。

どうして彼らは
ここまで深く絵を
鑑賞できたのでしょうか？
そのヒントは、
本書の中にたくさん
鏤《ちりば》められています。

菱田春草《落葉》（右隻）1909年、
永青文庫美術館

目次

第二部

対話による美術鑑賞の授業について――135

※本文中に登場する人物の所属・肩書・呼称などは活動当時のものです。組織・機関の名称についても同様です。

図書設計――松田洋一

序章

対話による美術鑑賞とは？

あなたは、小学校の図画工作や中学校の美術の時間に、美術作品の鑑賞の仕方を教えてもらった経験があるだろうか。工作をしたり、絵を描いたりした覚えはあっても、絵や彫刻の見方を学んだ記憶がある人はおそらく少ないだろう。

それはデータからも明らかになっている。

毎年四月の新学期冒頭、私の講義を受講する新入生に対して、美術の授業に関するアンケートをとっている。学生が小学生や中学生のときに受けた授業内容を調査し、私自身の授業計画に反映させることが目的だが、その中に「小学校の図画工作や中学校の美術の時間に、画家や彫刻家の美術作品を鑑賞する授業がありましたか」という項目がある。

データをとり始めた二〇〇〇（平成一二）年、この項目に「はい」と答えた学生は約二〇〇名中二五名、わずか一三パーセントだった。計算方法にもよるが、はい／いいえ式の調査で標本数が二〇〇名の場合、調査結果の誤差は七パーセント程度なので、多く見積もっても二割程度しか美術作品を鑑賞する授業を経験してこなかったことになる［★1］。この結果が二〇〇〇年以前も同じようであったとすれば、現在三〇歳以上の人の多くは美術鑑賞の授業を経験していないことが推測できる。

美術館に行っても作品の見方が分からない、自分には知識がないから美術鑑賞なんてできない、そういう声をよく聞く。しかし多くの人は、鑑賞の仕方を学んでこなかったのだから、無理もないことだ。

［★1］算出式は $nd^2=\lambda^2pq$。信頼水準が95%として $\lambda=2$、pq は最大値 $=0.25$、$n=200$、で d（標本誤差）を計算した。

では、小学校や中学校では、美術鑑賞の授業を重視していないのだろうか。そもそも学校では、美術を鑑賞する能力を育てようとはしないのだろうか。

学校教育の大綱を示す文部科学省の学習指導要領では、小学校図画工作科、中学校美術科ともにその教科内容が、表現領域と鑑賞領域の二つの領域で構成されている。

この二つの領域は小学校では「本来一体である内容の二つの側面」[★2]とされ、鑑賞は「鑑賞の能力を育てる学習であり、今日のように視覚的な情報があふれている社会に主体的に対応する力を育てるねらいがある」[★3]と記されている。

中学校についても、「単に描くことや作ることに指導の重点を置くのではなく」[★4]とし、鑑賞を「知識を詰め込むものではなく思いをめぐらせながら対象との関係で自分の中に新しい価値をつくりだす創造活動」[★5]として位置づけられている。

このように学習指導要領では、表現領域とならんで鑑賞領域は創造活動であり、また豊かな情操を養う内容として鑑賞の能力を育てることの大切さが明記されている。にもかかわらず、私たちは学校の授業で鑑賞の仕方を学んでこなかった。

それはなぜだろうか?

これまでの日本における美術教育の歴史を振り返ってみても、川村善之[★6]、大橋皓也[★7]、松原郁二[★8]ら多くの研究者が指摘するように、絵画・彫刻・工芸などの表現領域に指導の重点が置かれ、鑑賞領域の指導に関してはその研究も実践も十分とはいえない実態があった。川村の言葉を借りれば、鑑賞は「不等に等閑視されてきた」[★9]のだった。

[★2] 文部科学省『小学校学習指導要領解説 図画工作編』二〇〇八年、一一頁
[★3] 前掲書★2、一九頁
[★4] 文部科学省『中学校学習指導要領解説 美術編』二〇〇八年、一三頁
[★5] 前掲書★4、二三頁
[★6] 川村善之『美術の鑑賞教育—理念と実践』日本文教出版、一九七五年
[★7] 大橋皓也「鑑賞教育の課題」、山本正男監修『造形教育体系 鑑賞2鑑賞の展開』開隆堂、一九七六年、四五頁
[★8] 松原郁二『美術教育法』誠文堂新光社、一九六九年、八五頁
[★9] 前掲書★6、一二頁

ところが近年、鑑賞教育が脚光を浴びている。とりわけ、生徒が作品について語り合う美術鑑賞の授業は、全国各地で行われるようになった。この形式の授業は、対話型鑑賞や対話式鑑賞、VTS（ヴィジュアル・シンキング・ストラテジー）式鑑賞などさまざまな呼び方をされ、授業の目的も質もさまざまである。中には作品について生徒たちが思い思いのことを口々に言うだけの授業も見受けられ、「意見を言わせっぱなしで、何の力がついたのかよく分からない」などと批判されることがある。喫茶店でのオシャベリまがいの対話を授業と呼んで憚らない、そんな実践がはびこれば、せっかく動き出した鑑賞教育の勢いを封じ込めかねない。私たちは、そのような危機感を持っている。

本書でいう対話による美術鑑賞とは何か。結論から述べると、鑑賞は「不等に等閑視されてきた」状況にありながらも、今日に至るまでまるで地下水脈のように連綿と受け継がれてきた鑑賞教育があった。すなわち対話というわが国の学校教育の伝統的な授業形式を踏まえた、かつ生徒一人ひとりの主体的な意味生成を促す学習の理念と歴史に支えられた、美術鑑賞教育である。筆者を代表とする研究チーム［★10］はこうした美術鑑賞教育に注目し、研究と実践を重ね、現代的な教育理念の視点から理念と方法を整理した。

対話による美術鑑賞とは筆者らが二〇〇二（平成一四）年以来に定義したものであり、正しくは「対話による意味生成的な美術鑑賞」と表記する。意味生成という言葉が硬いことや、「対話による意味生成的な美術鑑賞」という表記があまりにも冗漫であること、巷間では「対話による美術鑑賞」と呼称されていることなどから、本書でも「対話による美術鑑賞」と略記する

［★10］二〇一四年現在の研究メンバーは上野に加え一條彰子（東京国立近代美術館）、岡田京子（国立教育政策研究所）、奥村高明（聖徳大学）、東良雅人（国立教育政策研究所）、山崎正明（北翔大学）の計六名。日本学術振興会の基金による研究（科研）は二〇〇二年以来今日まで続いている。

ことにした。

対話による美術鑑賞の基盤にあるのは、美術作品にまつわる歴史や作家の情報を教えることを中心とするのではなく、作品に対する自分の見方、感じ方や考え方を他者と交流し、対話を通して個々の見方を深めたり広げたりしながら集団で意味生成することに重きを置くという考え方である。

対話による美術鑑賞の基本的な授業構造は下の四つである。

美術の授業として行う場合には、学習指導要領に基づいた発達段階ごとの学習内容に沿って学習課題を設定し、学習目標を立てる。対話の内容は生徒に委ねられるが、対話の進行は学習目標に即して行う。そのため、学習目標に即した作品を選択したり、発問を考えたり学習指導案を作成したり、授業のまとめ方を考えることが必要である。

学習目標によってまとめ方は異なる。観察力やコミュニケーション能力、批判的思考力などを育てることだけに目標があるなら、生徒がつくり上げた作品の意味、解釈をまとめて授業は終わる。しかし作家の思いを考えることが目標であれば、対話の方向はそこへ向かう必要があり、生徒がつくり上げた意味と作家の思いとの関連をまとめることになる。

対話を深めることや作品解釈の質を上げることばかりに執心してはいけない。一人ひとりに目を向け、個々の授業内容の理解度や個人的な関心の傾向に注目することがより大切だ。学習評価の観点から、授業のあとに批評的な美術鑑賞文を書かせるなど、生徒個人によるまとめを促すことも欠かせない。集団としての作品に対する意味生成と、個々の生徒の学びの形成とい

生徒の学習活動

1	作品をよく見る
2	作品についてよく考える
3	自分の考えを話す
4	友達の発言を聞く

教師の指導

1	開かれた質問をする
2	根拠を問う
3	受容的態度で意見を受け止める
4	意見を交換しまとめる

う両側面の視点が、対話による美術鑑賞の授業には不可欠だ。

意見の交流を通して自己の相対化や他者理解が促されること、そしてそのような経験は心の教育や人々の相互理解が求められる昨今、極めて重要な教育的経験であると考えている。意味をつくるのは自分たちであるという意識が育つことの意義も大きい。情報化社会、知識基盤社会に生きる子どもたちが、主体的に物事を思考し判断し表現することを、経験を通して学ぶ場であるともいえる。

言い換えれば、対話による美術鑑賞は、単に美術を理解するのではなく、美術を通してこの社会を豊かに生きる力を育てようとする、いわば美術を通しての人間形成[★11]を目指す教育方法でもある。一人ひとりの学びに対する支援と評価を欠いた「楽しいオシャベリ」とは一線を画する理念と方法だといえよう。

対話による美術鑑賞をめぐる混乱と誤解

しかしながら、対話による美術鑑賞の基盤にある鑑賞理念や学習理論、また受容過程についての理解は十分とはいえない。実践や研究を始めたばかりの人の中には、重大な事実誤認も見受けられる。

しばしば耳にするのは、日本における対話による美術鑑賞は美術史家アメリア・アレナス[★12]らによって始められたとか、学習指導要領の改訂を契機に生み出された方法であるとかの類いである。心理学者アビゲイル・ハウゼン[★13]が考案したＶＴＳ（一四頁）がもとになっ

[★11] Ｖ・ローウェンフェルド『美術による人間形成―創造的発達と精神的成長』竹内清ほか共訳、黎明書房、一九六三年（V.Lowenfeld, *Creative and Mental Growth*, 1947）

[★12] ニューヨーク在住のベネズエラ出身の美術史家。アメリカはもとよりブラジル、スペイン、日本など世界の美術館や学校で鑑賞教育に関する講演、書籍の執筆、ギャラリー・トークなどを行う。

[★13] 美的感受性の発達段階の研究者で五段階説を発表。この分野の先駆者として日本でも著名なマイケル・パーソンズの五段階説と比較されることも多い。

ていると思い込んでいる人も少なくないようだ。
いくつか事例を挙げてみよう。

①対話型鑑賞法とは一九八〇年代にニューヨーク近代美術館で生まれた鑑賞法[★14]

②対話による美術鑑賞とは一般的に一九八八年からニューヨーク近代美術館（ＭｏＭＡ）で開発された……（略）……方法のことをいいます[★15]

③対話型鑑賞はＶＴＳがもとになっている[★16]

ランダムに選んだ事例を組み合わせてみると、対話による美術鑑賞と対話型鑑賞はともに一九八〇年代にニューヨーク近代美術館で生まれた同義のものであり、ＶＴＳがもとになっているということになる。

一九八〇年以前には、対話による美術鑑賞も対話型鑑賞もこの世になかったのだろうか？美術作品を見て語り合う機会は、それまで美術館にも学校にもなかったと本気で考えているのだろうか？　笑い話ではない。このような支離滅裂な理解がインターネットや学会に散乱しているのが現状であり、わが国の鑑賞教育の底の浅さを示すものだからだ。

また一方、対話による美術鑑賞の広がりは、近年の学習指導要領の改善方針にその要因があるとする見方があるが、これもまた極めて短絡的だ。学習指導要領は学校における教育課程の指針であり、その大綱を示すものであるが、その歴史を辿れば容易に誤りを指摘することがで

【★14】愛媛県美術館ホームページ、http://www.ehime-art.jp/member/volunteer/index3.html（二〇一四年九月二五日現在）

【★15】認定ＮＰＯ法人ＡＲＤＡのホームページ、http://www.arda.jp/top_Bkansho.html（二〇一四年九月二五日現在）

【★16】佐野真知子「対話型鑑賞法を生かした美術鑑賞教育の価値と実践への視座」『大学美術教育学会誌』四三号、大学美術教育学会、二〇一一年、一五一―一五八頁

きる。

これらの偏った見方は、日本における対話による美術鑑賞の歴史や理念、方法論を正しくとらえたものではない。

理念とその浸透の過程を知ることが、対話による美術鑑賞のより一層の理解と実践の普及に結びつくだろう。そのため本書ではまず第一部第1章で、対話による美術鑑賞の成立の背景について説明し、第2章では近年の日本における対話による美術鑑賞の浸透の過程について説明する。第3章ではアメリカの美術館教育が置かれた現状と、進歩的な教育プログラムから対話による美術鑑賞の多様性を学ぶ。それらを前提とし、第4章では対話による美術鑑賞と混同されることの多いVTSについて、その類似点と差異について説明し、理解を深めていただく。以上を通して、偏ったとらえ方を糺《ただ》し、対話による美術鑑賞に対する十分な理解に裏付けられた実践の普及と研究の進展に寄与したい。

続く第二部では、授業としての対話による美術鑑賞の内容と方法について説明する。第1章では、望ましい授業のために必要な事柄として、学習課題の設定、作品の選定、シミュレーション、環境設計など授業の前に行うべき教師の準備について説明する。第2章では授業の進め方を三つのステップで紹介する。第3章では実際に行われた対話による美術鑑賞の授業から、小学校・中学校の事例をそれぞれ紹介し、授業中の生徒の発言と先生の応答について解説を行う。

過去を正しく伝え、現在なすべきことを説き、未来に思いを馳せる。本書の構成はこのような思いから成り立っている。

俵屋宗達《風神雷神図屏風》江戸時代初期、建仁寺蔵

レオナルド・ダ・ヴィンチ《モナ・リザ》1503-06年、ルーヴル美術館

心で見なくちゃ、ものごとはよく見えないってことさ。
かんじんなことは、目に見えないんだよ。[★1]

――サン=テグジュペリ『星の王子さま』

第一部

対話による美術鑑賞の理論と歴史

絵を見て語る子どもたち

「おおっ！」

美術室に入ってくる生徒たちが、驚きの声を上げる。「すごい！」「これ、なんだっけ？」

ここは北海道新千歳空港にほど近い千歳市立北斗中学校。これから対話による美術鑑賞の授業が始まるのだ。彼らの視線の先にあるのは、《風神雷神図屏風》。この日の授業のために美術科教諭の山崎正明が自作した原寸大のレプリカである。始まりのチャイムが鳴っても、生徒たちはその大きな屏風に目が釘づけ。

「今日は、この《風神雷神図屏風》を、みんなで鑑賞します。その前に、みんなに紹介したい文章があります。教科書の最初の頁を見てください」。先生は、教科書に掲載されている「感じたことを話し合おう」の文章をゆっくり読み上げた。

美術作品には、作者の思いや考えが込められている。でも、それだけがすべてではない。見る人がさまざまな意味を付け加えて、作品は完成する。

まず、この絵をしっかりと見よう。これは何だろう。何をしているところだろう。

絵から聞こえてくる声や音、そのざわめきにも耳を傾けてみよう。

さあ、何が見えてきただろう。あなた自身が自分の目で見て感じたことや考えたこと、それを大切にして、みんなで作品について話し合ってみよう[★2]。

[★1] サン=テグジュペリ『星の王子さま』内藤濯訳、岩波書店、二〇〇〇年、一〇三頁

[★2] 中学校『美術1』、光村図書出版、二〇一四年、三頁

「これが、今日の授業の進め方です。では、じっくりと作品を見ていきましょう」

さまざまな意見が飛び交う

生徒たちは、教科書を広げ、「風神雷神図屏風」[20-21頁]をじっと見つめる。教室は水を打ったように静まり返った。それから一分ほどが過ぎた頃だろうか。

「さあ、何が見えたでしょう。みんなの感想を聞かせてください。正解はないからね。気づいたことをどんどん発表してください」。

少しの間を挟み、ひとりの生徒が手を挙げた。そのあとは堰を切ったように、次々と感想が発表される。

生徒1「服装が似ていると思いました」
先生「服装が似ている。どんなところが似ているのかな」
生徒1「黒いひもみたいなのが」
先生「ああ、確かに、ここに黒いひもみたいなものがあるね」
生徒2「二人とも、足に輪っかがついている」
先生「うん、足に輪っかがあるね。ほかには?」

先生は、生徒たちの発言を繰り返して確認しながら、感想を自由に挙げさせていく。

生徒3　「雷神はカミナリだから、上から下に向かっていて、風神は、風だから横に走っているように見える」

先生　「雷神は下へ、風神は横へ向かっているんだね。それに関連してどうですか」

生徒4　「付け足しです。雷神は、下に動いているのを表すために、髪の毛が上になびいている。風神は横に動いているので、髪が横になびいている」

先生　「なるほど。いい付け足しだね」

生徒5　「雷神の方は、ただ下に動いているのではなくて、左右に揺れながら下に動いていると思う」

先生　(屏風の前で上から下へ手を動かし

「雷神の手が不自然に見える」という発言を受けて，風神のポーズをまねる山崎先生。生徒たちも一緒にポーズをとる。身体化することで，視覚では分からなかったことに気づくことができる。
鑑賞の授業では，個々の見方や感じ方を大切にして，生徒の中に新しい価値をつくり出すことが大切だ。対話は、生徒それぞれの多様な見方や感じ方を交流させ，全員で作品について思いを巡らせることに有効である。対話によって生徒たちの作品への見方や感じ方がどのように変わっていくかに注目しよう。

ながら）「こうやって、左右に振れながら上から下へ降りてきている。なるほど。
おもしろいね」

生徒たちは、単に感想を述べるだけでなく、「風神は風だから横に向かっている」「雷神の髪の毛が上になびいているから下に向かっている」と、そう見える理由や意味についても話し始めた。

そしてそのあと、「雷神の目線は下で、風神の目線は横に向いている」「二人の周りの黒いもやもやしたものは、雷神の方はカミナリの雲、風神の方は風に見える」「二人が『ワーッ』『ギャーッ』と叫び声を上げているように見える」……など、さまざまな興味深い発言が続いた。

そのつど先生は「なるほど」「おもしろい！」「すごいな」と、発言を褒める。生徒たちは、どんどん挙手をし、発表していく。教室は、徐々に熱気に包まれていった。

〈「部分」から「全体」へ〉

そして、授業開始から一五分ほど経ったとき、ひとりの女子生徒がぼそっとつぶやいた。

生徒6　「楽しんでいるみたい」

それまでは、二人の服装や動きなど、作品の「部分」についての発言が多かったが、初めて

「作品全体の印象」についての感想が出された。ここから、授業の流れがゆるやかに変わっていく。

先生　「これまでとは違う意見だ。おもしろいね。どこからそう思ったのかな」
生徒6　「だって、風神が笑っているように見える」
先生　「雷神の方はどうだろう」
生徒6　「そっちも笑っている。だって、口角が上がっているから」

このやり取りを聞いていたひとりの生徒が手を挙げて、「楽しんでいる」という意見について、自分の見方を話し始めた。

生徒7　「楽しんでいるんだけど、いたずらをしているようにも見えます」
先生　「いたずらをしている。たとえば？」
生徒7　「きっと人を困らせているのだと思う」
先生　「人を困らせているように見える。どこからそういうふうに見えるんだろう」
生徒8　「『いじわるそうな顔をしてる』に見える」
先生　「なるほどね、いじわるそうな感じがする。人を困らせているって、この絵の外側ではどんなことが起きているんだろう。そして、二人はどういう関係でしょうか」

〈風神と雷神の関係〉

すると、教科書をじっと見つめていた男子生徒が顔を上げた。

生徒9　「二人はズボンの色が同じだから、兄弟とか近い関係なのかもしれない」

先生は、その発言から風神と雷神の関係について掘り下げていく。

先生　「さあ、兄弟説が出ました。二人は仲がいいのかな。どうでしょうか」
生徒10　「ライバルだと思います」
先生　「どうしてそう見えるんだろう」
生徒10　「風神は雷神に向かっていまにも襲いかかりそうな感じがします」
先生　「なるほど。さっき風神の目線が雷神に向いているって言った人がいましたね」
生徒11　「風神は雷神を挑発しているんじゃないかな」
先生　「挑発？」
生徒12　「風神は挑発していて、雷神はそれを無視している」

二人の関係について、さまざまな意見が出されていく。そこで、先生は「仲が悪く見えるという人はいますか？」と投げかけ、さらに揺さぶりをかけた。

生徒13　「二人は近い関係だから、毎日競い合っているんじゃないか」
先生　「毎日競い合っている。何を競い合っているんだろう」
生徒14　「下にいる人たちを何回困らせたとか」
生徒15　「『今日はオレが雨を降らせる』『いや、今日はオレが風を吹かせるんだ』みたいな競い合いだと思う」

「近い関係」という、前に出されたほかの生徒の言葉を受けて、だからこそ「競い合っている」と発言する生徒。そして、そこから、生徒たちは「競い合い」の内容について、想像をふくらませていく。

〈対話を通して核心に迫る〉
そして、授業が始まってから三〇分ほど経ったとき、この作品の核心に迫るような発言が出された。

生徒16　「風神と雷神が競い合っているとしたら、下の天候はすごく悪くなっていると思う」

そもそも「風神・雷神」は、昔の人々が、強い雨風や雷などの自然現象に対し「こんなに天気が悪いのは、空の上で神様が何かしているのではないか」と考え、その畏怖の念から生まれた想像上の神様である。生徒16の発言は、まさに作品の核心に迫っているといってよいだろう。生徒たちは、先生からの解説を受けて主題を理解するのではなく、自らが作品から感じたことや考えたことを言語化し、友だちと意見交流しながら作品の意味をつくり上げ、それが核心に迫っていたのである。

自然への畏怖と想像力をもとにした《風神雷神図屏風》の表現、屏風の左右に描く大胆な配置、金地の余白の効果などの表現の特徴をまとめ、授業は終わった。

「第1学年では……(略)……美術作品に素直に向き合い、感性や想像力を働かせてそのよさや美しさを楽しみ味わいながら、美術特有の表現の素晴らしさなどを感じ取らせたり美術文化への関心を高めたりすることをねらいとする」[★3]と学習指導要領にある通り、この授業ではそのねらいが達成されている。また「作品に対する思いや考えを説明し合うなどして、対象の見方や感じ方を広げる」という指導事項も達成されている。

このような授業を対話による美術鑑賞という。もはや珍しいことではなくなった。教室に設えられたスクリーンを囲むように子どもたちが座りプロジェクターから投影される美術作品の画像に目を向けながら活発な意見が交わされ、先生が取りまとめながら対話を進行させる。生徒それぞれの多様な見方や感じ方を交流させ、全員で作品について新しい価値をつくり出す授業。このような授業風景が全国各地の学校で見られるようになったのだ。

先に紹介した、毎年のアンケート調査の結果にも変化が現れている。美術鑑賞の授業経験を

[★3]序章前掲書★4、四四頁

尋ねる項目に「はい」と答えた学生が二〇〇〇年には約一三パーセントだったのが、年とともに増え始め、二〇一一年にはおよそ四〇パーセントが「はい」と回答するようになった。それも「美術作品を見て自分の感想を言う（書く）授業」が小学校では回答全体の二五パーセント、中学校でも一九パーセントである。いずれの回答数も「先生が美術作品や作家について説明する授業」を凌いでいる。

変わったのは学校の授業だけではない。作品解説が中心であった美術館のギャラリー・トークにも、観衆との対話を重視する傾向が見られる。西欧諸国の美術館を訪れると、大勢の観光客に交じって小学生や中学生が床に座り、円座になって語り合っている姿に出くわすことがあり、美術館では静かに鑑賞するものと思い込んでいる私たちを驚かせたものだが、ようやく日本でもそのような光景を見ることができるようになってきたのだ。

このような変化はどのようにして起こってきたのだろうか。そもそも美術作品を見て、鑑賞者が意味を生成するという行為は、どのような考え方に基づいているのだろう。鑑賞という行為をどのように考えればよいのだろうか。

意味が作品に内包されているとすれば、それを読み解く唯一の正しい鑑賞があることになる。しかし、意味を作品と鑑賞者の相互作用によって生成するものととらえると、個々の鑑賞者の見方やとらえ方によって、鑑賞はさまざまな可能性をもってくる。作品の意味は多様に生成されるだろう。このような考え方の受容が底流にあってこそ、思索的に見ることや意味をつくり出す美術鑑賞は成立するのだ。

とはいえ、作家の意図にとらわれずに自由に美術作品を見て自分なりに鑑賞する経験は、一般市民が社会生活の中で楽しむ文化的なアクティビティや子どもの課外活動としては有意義であるとしても、学校で行われる教育として、つまり学習活動としてはどのような意味をもつのだろうか。対話による美術鑑賞を学習活動としてとらえたとき、学習を通して育てる能力や資質、つまり学力との関連を熟考する必要がある。さらにその基盤となる学習理念や教育政策の視点から検討する必要があるだろう。

そこで1章では、まず、鑑賞理念の視点から、意味生成的な美術鑑賞という理念がいかにして成立してきたか、その背景を概観してみよう。同時に教育理念の視点から、対話による美術鑑賞が学校の教育実践として成立していく過程を考察する。そして時代ごとの鑑賞理念と教育理念が縒り合わされ、鑑賞教育の授業が実践されていくその水脈を、二〇世紀初頭から前期、中期、後期と辿っていくことにする。

1章　対話による美術鑑賞はどのように生まれてきたのだろう

1―前期――始まりはニュー・クリティシズム

対話による美術鑑賞で最も理解されにくいのは、鑑賞者が自由に作品を鑑賞するという考え方だろう。作者の意図や情熱、様式の理解、作品制作における個人的ならびに社会的背景などを度外視してよいのか、という疑問は根強い。とりわけ、授業を何かを教え込む手続きとしてとらえる傾向の強い教師や、作品や作家研究の専門家からは批判的な声を聞くことも稀ではない。作品や作家についての情報を教えずにいったい何を教えるのか、という声である。

このような疑問に答え疑念を解消するためには、鑑賞という行為のとらえ方そのものから説明しなければならないが、まず、対話による美術鑑賞という用語そのものの意味についてももう一度確認しておこう。

先に述べたように、対話による美術鑑賞という表記の仕方を本書ではとっているが、正確には「対話による意味生成的な美術鑑賞」という表記である。私たちが主張したい鑑賞のあり方は、鑑賞者が意味を生成するという点にあり、その手段として対話がある。対話によるとしたのも、手段としての対話という思惑からである。

つまり、対話による美術鑑賞という用語には、作品を見る人が対話を通して意味をつくり出す鑑賞という考え方が内包されているのである。このような鑑賞という行為のとらえ方を理解するには、現代における文学批評の出発点ともいえる、ニュー・クリティシズムに遡らなければならない。

往時の文学研究では、作品は作者の紡ぎ出した言葉によって構築されているという動かしがたい事実を土台にして、作品に表された言葉の意味は作者の思惑以外の何物でもないという立場が伝統的だった。したがって、作品を理解するためには、作者の伝記、手紙や日記、時代環境などを検証し、作品と作者を関連付けることが必須だったのである。

こうした実証主義による文献学的研究は一九世紀までに発達を極めたが、作品そのものではなくその周辺の研究に邁進するあまり、その方向は次第に作品から遊離していった。しかも文献学による理解を中心に据えれば、文学の理解は専門家には可能であっても一般大衆には手の届かないものとならざるをえない。いったい文学を文学として読むことの意味はどこにあるのだろう。

人々にとって鑑賞とはどのような行為なのか。作品とは、それを鑑賞する人々にとってどのような存在なのか。

　このような問題意識から遅くとも一九二〇年代までに、作者から絶縁された存在としての読者がはっきりと意識されるようになる[★4]。心理学者I・A・リチャーズによって「読者の発見」が促され、アメリカでは一九三五年前後からニュー・クリティシズムが興った[★5]。ニュー・クリティシズムは作品と作者を分離し、作品の自律を促した。文学作品を作者の伝記的事実や心理から読むこと、および作者の時代環境から説明することは、読むという行為ではなくて心理学的研究や歴史的研究に属すると考えたからだ。日本では新批評とも訳されたニュー・クリティシズムは、読書という行為を、作者の意図を読み解く行為から解放したのである。

鑑賞は、それ自体芸術活動であって学術作業ではない

　ニュー・クリティシズムが興ったほぼ同時期の昭和初期、日本では文学鑑賞と文学研究との関係から二つの対立的な見解が展開されていた。国文学者の石津純道は、一方を鑑賞と国文学研究とを厳密に区別する立場であり、他方を鑑賞を学としてではないが学の基礎体験とする立場であると説明している[★6]。そのうえで石津は論文の最後に「鑑賞は結局学ではなく寧ろ芸術である」と述べるのだが、これは国文学者の岡崎義恵がその著書『日本文芸学』で示した見解に基づいたものである。岡崎の鑑賞についての見解は、鑑賞の主要部は美的享受にあるが、それだけでなく価値判断を鑑賞の一部ととらえ「鑑賞は、それ自体芸術活動であって学術作業ではない」というものだ[★7]。

[★4] 外山滋比古『近代読者論』みすず書房、一九六九年（初出は垂水書房、一九六三年）、七―二五頁

[★5] 波多野完治「文学教育はなぜ必要か」『教育』一九五七年六月号、国土社、二五頁

[★6] 石津純道「鑑賞に関する見解に就いて」『国文学　解釈と鑑賞』一九三六年一〇月号、至文堂、三八―四一頁

[★7] 岡崎義恵『日本文芸学』岩波書店、一九三五年、二八頁。第二部で詳しく述べるが、文部科学省の学習指導要領には、鑑賞に関して「（鑑賞とは）対象との関係で自分の中に新しい価値をつくりだす創造活動」と明記されている。これは岡崎の「鑑賞はそれ自体が芸術活動」という部分に呼応するものであり、鑑賞が価値判断を伴った意味生成活動であることを示している。

学術作業ってなに？

岡崎のいう学術作業という言葉は定義しにくいが、たとえば、次のような美術鑑賞の構造から考えると分かりやすい。図1は、韓国の教育課程で示されている高校2・3年生の美術科の内容のうち、美術鑑賞の構造を示している。

美術鑑賞の内容は「観察と反応」「分析と解釈」「判断と活用」の3つの大領域から構成されている。最初の「観察と反応」の段階では、「直感的感覚」という美術作品に対する感じや考えを話す、討論するという内容が示されている。

次の「分析と解釈」の段階では、材料と技法などを分析するとか、様式を調べるとか、美術家に対する情報を収集するとか、歴史、政治、経済、社会、文化的文脈から解釈するという内容が示されている。

最後の「判断と活用」の段階では、美術批評という内容が示され、前段階までに集めた資料をもとにして討論する、あるいは批評文を作成するという構造になっている。

学術作業というのは、この構造のうち主に2段階目の「分析と解釈」における、調査や情報収集の作業を指すと考えてよいだろう。

最初の「観察と反応」の段階がニュー・クリティシズム以来の読者中心的な鑑賞であり、岡崎のいう芸術活動としての色合いの濃い活動を含み、また、最後の「判断と活用」の段階は芸術活動としての第1段階と学術作業としての第2段階を統合するような段階と位置づけられる。

■図1｜韓国の美術鑑賞の構造

大領域	中領域	小領域
(1) 観察と反応	(a) **直感的感覚**	①美術用語を活用して美的対象に対する**感じや考えを話す**
		②鑑賞対象に対する感じや考えの差異に対して**討論する**
	(b) 現場体験	①生活周辺、美術館、博物館、作家スタジオなどで美術を鑑賞する
		②学校及び地域の美術行事に関心を持って参加する
(2) 分析と解釈	(a) 造形的特性の理解	①造形要素と原理、**材料と技法などを分析する**
		②作家様式、時代様式、民族様式などに対して調べてみる
		③鑑賞対象の形式的、様式的特性を基礎として情報を解析する
	(b) 美術家探求	①**美術家に対する情報を収集する**
		②美術家の個人的経験、成長背景、表現特性の関係を理解する
		③美術家が地域、社会、美術界に与える影響を解析する
	(c) 文脈的理解	①時代別、地域別に美術の特性を比較分析する
		②鑑賞対象を**歴史、政治、経済、社会、文化的文脈から解釈する**
		③時間、場所、環境による鑑賞対象の意味の変化を理解する
(3) 判断と活用	(a) **美術批評**	①美術や美術家に対する批評の観点に対して**討論する**
		②批評の観点を活用して**批評文を作成する**
	(b) 鑑賞の活用	①主題がある展示を企画する
		②鑑賞対象に対する理解や判断をまとめた作品鑑賞集、ポートフォリオなどを制作する

（大韓民国新教育課程 高等学校第2・3学年選択科目 美術より）

この時期、もうひとつ確認しておきたいのは国文学者の吉田精一の鑑賞論である。吉田は、美的観照を鑑賞の中核とし、鑑賞とは見ることと感じることの統一であると考えた。そして『日本文学大事典（宮島新三郎編）』の鑑賞の説明に見られるような、作品の理解がまずあってそののちに鑑賞が来る、というような当時主流であった鑑賞の考え方を誤りとはいえないまでも曖昧であると批判したのだった。

理解と鑑賞の違いについての吉田の説明は、いま読んでも分かりやすい。

理解について、吉田はゴヤの作品を例に説いている［★8］。「ゴヤの画いた闘牛の図、フランス軍のスペイン掠奪《りゃくだつ》、強姦等々の図をその実際の事情や環境、歴史的事実と照し合せて、如何なる場合の図であるかと理解につとめるのは知的態度である」として鑑賞とは峻別する。そして、「鑑賞にあらわれるものは、かかる判断や知識に対し、判断や知識の根源になるものの姿である」とする。事実との照合を通した知的理解と判断基準としての鑑賞は立場の次元の違いであって、どちらが先か後かという問題ではないと指摘したのだった。

このような議論のあと、国文学はニュー・クリティシズムや受容理論の洗礼を受け、読者の存在や読むということのとらえ直しを余儀なくされるが、この時点ですでに鑑賞と知識の峻別や、文献学偏重への批判的見方が登場していることに注意しておきたい。

岡倉天心の嘆き

さて、美術の鑑賞に関しては、国文学における鑑賞論争に先駆けることおよそ三〇年前、

［★8］吉田精一「鑑賞の意味」『国文学 解釈と鑑賞』一九三六年一一月号、至文堂、三―六頁

二〇世紀初頭に著された『茶の本』の中に次のような考えを確かめることができる。筆者は、東京美術学校（現東京藝術大学美術学部）の校長を務めたあと、日本美術院を設立するなど当時の美術界の主導的人物であった岡倉天心である。

「……しかしながら、美術の価値はただそれがわれわれに語る程度によるものであることを忘れてはならない。……（略）……そして、われらの審美的個性は、過去の創作品の中に自己の類縁を求める。もっとも、修養によって美術鑑賞力は増大するものであって、われわれはこれまでは認められなかった多くの美の表現を味わうことができるようになるものである。が、畢竟するところ、われわれは万有の中に自分の姿を見るに過ぎないのである」[★9]

「過去の創作品の中に自己の類縁を求める」とか、いくら鑑賞力がついても「万有の中に自分の姿を見るに過ぎない」とかの記述は何を語っているのだろうか。ここからは、美術作品を見るという行為が自分の姿すなわち自分の感情や関心、知識や思想などを投射しそれを見ることであるという考えを読み取ることができる。作品を見て何かのイメージを認知するのは、「それがわれわれに語る」情報を手がかりにして、自分の想像を投射するからだろう。鑑賞を作者や作品の側からではなく、見る者の側からとらえる立場はこの時期にあっては極めて先鋭的といえる。

[★9] 岡倉天心『茶の本』村岡博訳、岩波書店、一九二九年、七三頁（*The Book of Tea*, 1906）

岡倉はまた「彼らにとっては、作品の良否よりも美術家の名が重要である」と、一般民衆は自分が良いと思うものではなく高価な作品や流行している作品を良しとし、しかもよく見ずに「感心したふりをしている」傾向を批判している。「……ある批評家の歎じたごとく、世人は耳によって絵画を批評する。今日いずれの方面を見ても、擬古典的嫌悪を感ずるのは、すなわちこの真の鑑賞力の欠けているためである」[★10]と、作品を自分の目ではなく「耳によって」批評する傾向を「真の鑑賞力」の欠如だと嘆いたのだった。

そもそも『茶の本』は茶の湯を通して日本文化の特質を海外に紹介するものであり、一九〇六（明治三九）年、岡倉がボストン美術館に勤務していた時期に英文で著されたものだった。日本では岡倉の死後、一九二九（昭和四）年に翻訳本として出版された。

ではこの時期、学校では鑑賞という行為をどのようにとらえ、授業が行われていたのだろう。

教育は社会を映す鏡

教育は文化である。文化であるがゆえに、いかなる教育もそれが属する社会の特性や直面する問題、目指そうとする未来像の呪縛から逃れられない。社会は教育を性格づけ、教育は社会を表現する。

産業革命のあと発達した資本主義や経済学は、世界を工業化、効率化していった。国家主義を基盤とする競争原理と産業主義に裏付けられた工業生産の論理は、二〇世紀の教育にも反映されている。佐藤学はその特徴を「産業主義の大量生産と企業経営をモデルとする効率性の原

[★10] 前掲書★9、七四—七五頁。岡倉は「ある批評家」を数世紀前の中国の批評家としているが、賀茂真淵の『古風小言』に「名によりて物を貴(たっと)むは、学者の悪(にく)むことなり」という同意の叙述がある。

理と、実用的価値の高い知識や技能を能率的に学習する教育の追求」にあるとした［★11］。

とりわけ、教育課程研究の創始者とされるシカゴ大学の教育学者ジョン・フランクリン・ボビットが、経営学者フレデリック・テイラーの理論を下敷きにして教育課程を体系化したことはよく知られている。近代国家が行う国民教育の根本には、学校を「工場」になぞらえ、子どもを「原料」にたとえ、教育された生徒を「生産物」と呼び、工場の生産目標を教育目標に置き換える発想があったのだ。

一九一〇年、米国ではＩＣＣ（州際通商委員会）が推奨して以来、科学的管理法が全米の工場や企業に広まる。科学的管理法とはテイラー・システムとして名高い企業経営管理方法であり、テイラーが開発した方法である。

テイラー・システムは民間企業や官公庁に広がったあと、学校運営にも波及した。生産のための労働力の育成を主要な目的とする当時の初等中等教育が、資本主義的生産システムを反映させるのも不思議なことではない。このように、工業製品のごとく等質の能力をもった生徒を大量生産することが、この時代の教育原理として働いていたのである。

美術を鑑賞する授業にもこうした考え方が波及し、均一な知識を効率良く生徒に身につけさせる姿勢があったことは容易に推測できる。実際、米国の学校ではピクチャー・スタディーと称する実証主義的な美術鑑賞教育が広く行われていた。ピクチャー・スタディーとは、小・中学校での美術の時間に、白黒の複製画を用いて作家の伝記や作品に描かれた物語などを教える授業だが、この時期に主流であった工業社会モデルの教育原理を考えれば当然のことである。

［★11］佐藤学『カリキュラムの批評―公共性の再構築へ―』世織書房、一九九六年、九頁

しかしその背後では、こうした教育のあり方に対して子どもたちに知的な思考力や主体的な行動能力、コミュニケーション能力などを培おうとする動きがあった。それが新教育運動である。全米各地でさまざまなカリキュラム改革が行われ、児童中心主義を理論的基盤とする実践は一九二〇年代までに広がりを見せる。その先駆的存在が教育学者ジョン・デューイである。

デューイは、進歩主義とも称される新教育運動に多大な影響を与えた教育学者として著名であるが、美術教育に関しても大きな足跡を残している。一九三四年に著された『経験としての芸術』では、デューイは芸術を経験として、すなわち作家の創作活動と鑑賞者の鑑賞活動の相互作用ととらえたその著作の中で、作者の経験と鑑賞者の経験とは同一ではなく、鑑賞者の中で「再創造の活動なくしては、ものが芸術品として、認識されることはない」[★12]と述べている。鑑賞とは鑑賞者の創造的な活動であり、鑑賞者は「彼自身の経験を創造しなければならない」[★13]と鑑賞活動が意味生成的な創造活動であることを示している。このくだりは、今の学習指導要領が鑑賞を「対象との関係で自分の中に新しい価値をつくりだす創造活動」[★14]と定義していることと見事に呼応している。

次に、美術館の教育活動を見てみよう。米国では一八六五年の南北戦争終結後間もなく美術館の設立が始まる。一八七〇年代にメトロポリタン美術館やボストン美術館が開館するが、その当初から教育活動は館の重要な活動のひとつとされていた。未知の土地を開拓して生まれた若い国にとって、教育が重要な課題であったのは必然といえる。一例を挙げると、メトロポリタン美術館は、「一般大衆に対して教育を提供することが目的である」と明記された美術館憲

[★12] ジョン・デューイ『経験としての芸術』鈴木康司訳、春秋社、一九五二年、六四―六五頁（John Dewey, *Art as Experience*, 1934）
[★13] 前掲書★12、六四頁
[★14] 序章前掲書★4、一二二頁

章に基づいて設立されたのだった［★15］。メトロポリタン美術館がその設立当初、偉大な作品を収集するのではなく、そのレプリカや石膏模型を収集して教育に専念していたことは注目すべきことである。動産的価値だけでなく教育的価値に注目して作品を選定し、収集するという精神はいまも引き継がれているだろうからだ。

二〇世紀初頭の米国美術館教育の主要人物であったボストン美術館のベンジャミン・I・ギルマンは、「美術作品は、見る側との直接的な美的経験のために存在するものであって、解説は不要である」という考えであったという［★16］。

一九世紀の美術館教育が対象としたのは一般大衆であり、その中でも多くは上流階級の人たちだった。子どもや学校が対象になるのはメトロポリタン美術館の場合、一九〇七年からである。シカゴ美術館も一九一六年頃、子どもを対象としたガイド・ツアーを始めている。

文明の精華は美術にあり

米国でピクチャー・スタディーが行われていた頃、日本では一九〇四（明治三七）年に「普通教育に於ける図画取調委員会」が、その報告の中で小学校や師範学校の図画科教授要目（教科内容）に美術作品の閲覧と講話を示している［★17］。

小学校図画科教授要目には、「教授下ノ注意」［★18］として、「図画科においては教員はなるべく多くの機会を利用し、児童をして美術および工芸に関する作品もしくは正確なる複製物を閲覧せしめ、または美術に関するきわめて平易なる講話をなすこと必要なり」とある。実技内容

［★15］『美術館教育普及国際シンポジウム1992報告書』美術館教育普及国際シンポジウム実行委員会、一九九三年、一五頁

［★16］烏賀陽梨沙「アメリカの美術館教育の理念及び実践の史的展開」『美術教育学』第二五号、二〇〇四年、八二頁

［★17］『官報』六三三八号（明治三七年八月一五日）八―一五頁。原文は旧漢字とカタカナ表記だが、本書では読みやすいよう新漢字とひらがな表記とした。なお当時は小学校、中学校を通して美術の科目の名称は図画科であった。

［★18］前掲資料★17には「教授下の注意」とあるが、「教授上の注意」の誤りだろう。

が「臨画」「写生画」「考案画」などと細分化して示されているのに対して、鑑賞は教科内容としてではなく「教授上の注意」の末尾に記されているのみである。

中学校図画科でも鑑賞は教科内容ではない。「教授上の注意」に鑑賞の能力の育成について書かれているが、「実技の練習と相まって」と記されているように鑑賞それ自体が目的化されていたわけではない。

講話というのは、「その他時宜に応じて一般美術に関する平易なる講話をなすべし」[★19]という記述がされているように、知識的な内容を解説することである。実際にこのような講話がどの程度行われていたかを知るすべはないが、解説による鑑賞の授業に近いものがこの時期に示されていたことが読み取れる。

一九〇四年に刊行された『図画教科書』（図画教育同心会）や一九〇八（明治四一）年刊行の『新式中学校図画帖』（大日本図書）[★20]には名画の複製画が入っている。しかしそれを用いて作品を鑑賞する授業があったわけではなく、配色の妙や構成の工夫を見て実技の授業に活かすことが目的だった。「実技の練習と相まって」という趣旨はそのように考えるのが妥当だろう。

文部省は一九一〇（明治四三）年に教科書を国定にする。国定教科書として発行された『新定画帖』（文部省）には鑑賞教材は見られない。その後、一九三二（昭和七）年に国定教科書として発行された『尋常小学図画』（日本書籍）は、表現教材のほかに鑑賞教材と説話教材で構成されており、鑑賞が教材として初めて取り入れられた図画教科書とされている。ただし鑑

[★19]『官報』前掲号★17、師範学校図画科教授要目や中学校図画科教授要目。特に中学校図画科教授要目には「最後の学年においては特に多くの時宜を利用して」と記載されている。

[★20]『新式中学校図画帖』の著者である白濱徴は「普通教育に於ける図画取調委員会」の委員であった。

賞教材とはいうものの、それは作品を鑑賞する授業を目指すものではなかった。むしろ「日本・西洋の絵画の大要を知らせ、代表的作品を鑑賞させて、美意識を養ふ」という趣旨の説話教材の方が鑑賞に近い感じがする。

「文明の精華は美術にあり」[★21]と白濱徴が緒言に宣した『中等教育　美術講話資料』（大日本図書）は、『尋常小学図画』のおよそ一〇年前の一九二三（大正一二）年に発行されている。全三〇頁のうちカラー図版が一一頁という当時としては豪華な本だ。「講話資料」とあるように、その作品の時代の沿革、構図の説明、手法や作品に対する諸説と所感を別冊によって解説する授業を前提にした本である。このように説話や講話というくくりで、大要（知識）を説話（解説）する形式の鑑賞の授業が示されていたのである。

一九四一（昭和一六）年に「国民学校令」が施行され、美術の科目は国民学校における芸能科に位置づけられた。芸能科の目的は「自我の実現の為の教育ではなく、具体的に忠良な皇国臣民を錬成する」とされ、「国境を超えた単なる人間性の教養ではなく、歴史的な日本国民性の錬成」とされた[★22]。

『エノホン』（東京書籍、一九四一年）や『初等科図画』（文部省、一九四一年）などの当時発行された教科書を見ても、粘土で戦車をつくらせたり戦艦や戦闘機の絵を描かせるなど、戦時色の濃いものとなっている。美術の授業は一変した。まさに教育は社会を映す鏡である。社会は教育を性格づけ、教育は社会を表現したのだ。

[★21] 白濱徴編『中等教育美術講話資料』大日本図書、一九二三年

[★22] 文部科学省ホームページ参照。

2―中期――学校教育と対話による美術鑑賞

受容理論の広がり

読むという行為によって読者が意味をつくり出すという発想、読者を芸術の消費者としてではなく、意味の生産者として位置づけるという発想は、初期には哲学者ローマン・インガルデンによって、のちに一九六〇年代から七〇年代にかけて受容理論を背景としてフランス文学研究者であるハンス・ロベルト・ヤウスと英文学研究者のヴォルフガング・イーザーらの著作を通して広く一般に浸透していく[★23]。ヤウスの論は読者に重きを置いた受容美学と呼ばれ、イーザーの論はテクストの方に力点を置いた作用美学と呼ばれるが、ヤウス自身が述べたように双方が受容理論の補完関係にあると考えればわかりやすい[★24]。

美術の方に目を向けると、六〇年代初頭には美術史家の木村重信が「芸術作品は独善的な芸術家個人の支配を脱し、観者の自由な意識をまって初めて意味を獲得するものであり、その意味でそれは、作者から観者へという一方通行の形で成立するのではなく、両者が真に自由に相互通行するための仲介者であるといいうる」[★25]と述べている。

木村の論は、ダダやシュルレアリストによるオブジェの登場によって二〇世紀における美術作品の意味が大きく変わり、観衆と作家・作品との関係も変わったことを前提にしたものだ。木村はこの論文の中で、オブジェは「見る者の自由な意識を前提としなければ成立しない」と

[★23] ローマン・インガルデン『文学的芸術作品』瀧内槇雄・細井雄介訳、勁草書房、一九八二年（Roman W. Ingarden, *Das Literarische Kunstwerk*, 1931）・ハンス・ロベルト・ヤウス『挑発としての文学史』轡田収訳、岩波書店、一九七六年（Hans Robert Jauss, *Literaturgeschichte als Provokation*, 1970）・ヴォルフガング・イーザー『行為としての読書』轡田収訳、岩波書店、一九八二年（Wolfgang Iser, *Der Akt des Lesens*, 1976）を参照。

[★24] ヤウス前掲書★23、一二二―一二三頁。ヤウスは後年、青年期にナチ親衛隊に加わっていた事実を隠ぺいしていたことが明るみになり、名声を失う。（熊谷徹「ギュンター・グラスが落ちた、歴史リスクの罠」『中央公論』二〇〇六年一一月号、中央公論社）

[★25] 木村重信「現代美術におけるオブジェ」『京都市立美術大学研究紀要』一三号、一九六三年、九頁

断じた。そしてサルトルが『文学とは何か』の中で述べた「創造は読者の中でしか完成しない」という言明を引用しながら、「芸術作品において作者は或《ある》特定の意味を観者に告げるのではない。芸術作品は……（略）……観者の自由な意識をまって初めて意味を獲得する」とオブジェ以後の美術鑑賞の意味について言及したのである。

観者が作品に意味を与えるという考え方や作品は意味生成の仲介者というとらえ方は、受容理論やテクスト論の成立と浸透を睨んでも時期的に極めて先進的な考え方だったといえる。

そのおよそ一〇年後、美術評論家の藤枝晃雄が「今日、……（略）……芸術のあらゆる領域においていわれているのは、作者→作品ではなく、作品→観者という方向への要請である」といい、「見るものの役割の増大は、作者の言葉への信用という潜在的な芸術家への複合《コンプレックス》からの、そして芸術からの解放である」［★26］と示したように、七〇年代初期にはすでに鑑賞者中心的な鑑賞理念が「芸術のあらゆる領域において」要請される状況があったということである。

しかしながら、そうした考えが授業の実践に結びついてこなかったことが、対話による美術鑑賞の理解や普及にとって問題であり不幸でもあった。学校においても美術館においても。

［★26］藤枝晃雄「偏見の不在」『美術手帖』一九七四年六月号、美術出版社、一一〇—一一一頁

ニュー・クリティシズムから分析批評へ

ところが一方、同じように芸術作品を教材として扱う教科であっても、国語の場合は美術と比べて大きな変動が起こっている。

ニュー・クリティシズムに影響を受けた鑑賞に対する考え方は、一九六〇年頃から日本の教

育界にも浸透し始める。心理学者の波多野完治は新批評を批評の科学とし、低い鑑賞力の人さえも高みにもっていくことができると賞賛している[★27]。このような鑑賞の考え方は、国語教育に大きな影響を与え、それは分析批評という形で導入された。

分析批評とは、何だろうか。

国文学者の井関義久によれば、分析批評とは一九五八（昭和三三）年に国文学者の小西甚一によって名づけられた文学鑑賞理念・方法の名称だ[★28]。小西はニュー・クリティシズムの理論をスタンフォード大学のロバート・H・ブラワーらに学び、その考えを日本に持ち帰ったのである。

分析批評の授業は、作品の表現分析を中心に置いているので、歴史的背景や伝記的事実などに関する研究成果を重視する知識の注入的な授業と異なり、分析の観点を共通の言葉で表すことによって生徒同士の対話を開き、理解や感動を深めることをねらいとしている。井関によれば「作品について語るために、普遍性のある批評規準をもとにして、作品を作品としてじかに読むこと」[★29]を目指すものである。

小西に師事した井関は、分析批評による文学作品読解の授業を都立上野高校で行い、『批評の文法』を著した。その井関の授業に感銘を受け、小学校で分析批評の手法を用いた授業を行ったのが向山洋一だった。のちに教育技術の法則化運動を立ち上げる向山が小学校四年生を対象に「白いぼうし」[★30]の授業をしたのは一九七五（昭和五〇）年のことである。これが日本で初めて行われた小学校での分析批評の授業とされている。

[★27] 前掲書★5、一八―二五頁

[★28] 井関義久『批評の文法』大修館書店、一九七二年、九頁

[★29] 前掲書★28、六―七頁

[★30] 作者は児童文学者あまんきみこ。初出『びわの実学校』二四号、びわの実学校・講談社、一九六七年。光村図書出版ほかの教科書に現在も掲載されている四年生国語の教材である。

これ以降、法則化運動をバックアップしていた明治図書の教育雑誌『国語研究』や『授業研究』などには、分析批評の授業実践が次々と掲載されることになる。

創造的美術教育から美術批評へ

米国では一九五〇年代、全米美術教育協会（ＮＡＥＡ）の中心人物であるヴィクター・ローウェンフェルドによる創造的美術教育が中心理念となっていた。これをデューイの児童中心主義の美術教育観が、表現領域において開花したと見ることもできる。ただし、絵や工作などの表現を通して創造性を育成する考えが広まったために、鑑賞教育の波は一時退潮する。

その後、一九六〇年代になるとジョージア大学のエドムンド・フェルドマンによる美術批評方法が台頭してくる。フェルドマンの美術批評とは、何が描かれているかを〈記述〉し、色彩や点、線などの造形要素の形式分析〈分析〉、見る者が独自の解釈をする〈解釈〉、自分の価値観で作品を評価する〈判断〉という四つの段階による方法論だ。当時、米国美学会では作品の歴史や背景よりも視覚的な要素すなわち作品の色彩や点、線などの造形要素の知覚を優先する考え方が主流であった。これもニュー・クリティシズムの大きな流れの中にあるものと理解することができるだろう。

毎日千人以上の小学生が美術館に来る

Ｅ・Ｌ・カニグズバーグの『クローディアの秘密』は一九六七（昭和四二）年に出版され、

いまも世界中で愛好されている児童文学の名作だ。物語は、主人公クローディアと弟のジェイミーが家出してメトロポリタン美術館に行く場面から始まる。二人が美術館に着いたのは水曜日の午後一時。普通なら学校に行っているはずの子どもが、美術館にいることをだれも不思議に思わない。そのわけは、「つまり、まいにち千人以上の小学生が美術館にはくるのです」［★31］と書かれている。

もしもクローディアが現代の日本の美術館に家出して来たら、そうはいかないだろう。最近は日本の美術館でも小学生の姿を見かけるようになったとはいえ、その数は五〇年ほど前のメトロポリタン美術館とは比較にならない［★32］。たちどころに補導されてしまい、クローディアの物語は成立しなくなる。

同書には当時のメトロポリタン美術館における教育普及サービスの様子が活写されている。来館した小学生たちはゴムの座布団を床に敷いて作品の周りに座り、ガイドの話を聞いている。どうやらこれは知識を語って伝える解説型の鑑賞アクティビティのようだ。「とてもきれいなお嬢さん」と形容されているガイドが説明しているあいだ、教師は折り畳み椅子に座っている。この時代に、すでに音声ガイドの貸し出しが行われていたことも驚きだ。

さて、『クローディアの秘密』で描かれているようなギャラリー・トークが日本で実施されるのは、もう少し時を待たなければならない。一九四九（昭和二四）年の社会教育法、一九五一（昭和二六）年の博物館法制定を受けて、多くの美術館が講演会や実技講座を開催するようになった。だが当時の実施内容を見る限り、それらは美術愛好家を対象にした専門的な

［★31］E・L・カニグズバーグ『クローディアの秘密』松永ふみ子訳、岩波書店、一九七五年、四九頁。原著初版はニューヨーク、一九六七年。

［★32］毎日千人の根拠資料は不明。画家でもあるカニグズバーグの丹念な取材に基づいた記述だが、物語であるので多少の誇張はあるかもしれない。千人がすべて物語中で描かれているようなギャラリー・トークを受けていたかも不明。ちなみに二〇一三年度に東京国立近代美術館でギャラリー・トークを受けた小学生は、年間でも千人程度である。

もの［★33］であり、一般市民や子どもを対象とした教育普及サービスとはいえなかった。小学生向けはもちろんのこと、おとな向けの解説ガイドですら十分ではなかったのである。

兵庫県立近代美術館の山脇佐江子は、一九七〇年代になっても美術館教育という概念はなかったと記している［★34］。これは誤解を招きかねない表現なので、少し説明が必要だ。museum education の訳語としての博物館教育という言葉自体は、少なくとも一九五〇（昭和二五）年前後には美術館・博物館関係者に知られていたはずである。博物館教育の祖といわれ、戦前からの博物館を主導してきた人物である棚橋源太郎が、『博物館教育』と題した書物を著し刊行するのが一九五三（昭和二八）年だからだ。

七〇年代は公立美術館が各地に開設され始める時期だが、この時期に至っても博物館ではなく美術館というくくりで教育を考えるという状況がなかった、と山脇はいいたかったのだろう。

このように日本の美術館の教育普及サービスは学校の美術鑑賞の実践以上に歴史も浅く、意味生成や対話による鑑賞という視点からも遠い存在であった。

『少年美術館』の出版

一九五〇（昭和二五）年に岩波書店から『少年美術館』という画集が出版された［★35］。全国の小・中学校のほとんどの図書室に配架されたベストセラーだという。

各巻一七葉の図版と二三頁の解説で構成されている。図版のうち色刷りは最初の二葉だけで、戦後間もない頃の出版事情を感じさせる。色刷りされた作品には、ルノワールの《草束を

［★33］広瀬鎮は、社会からの必要不可欠の要請に応えていない、一般教養型の社会教育でしかないために市民の利用が低いと断じている。広瀬鎮『博物館社会教育論』学文社、一九九二年

［★34］山脇佐江子「兵庫県立近代美術館の教育普及活動：1970–1988」『美術館教育研究』八巻一号、美術館教育研究会、一九九七年、二三頁

［★35］矢崎美盛、児島喜久雄、安井曾太郎『少年美術館』全一二巻、岩波書店、一九五〇—五二年。題字は安井曾太郎の書である。一巻のみ解説は二二頁。

持つ少女》（第四巻）やフェルメールの《少女》[★36]（第一一巻）など、今日でもなじみのある少女の肖像や、母子像、家族、群衆など人物を描いた作品が多いが、《貴婦人と一角獣》やセガンティーニの作品など、子ども向けというよりも愛好家向けの作品も混在している。

注目すべきは、巻末に記された読者（子ども）に向けての一文である。

「解説を読むまえに、作品そのものをくりかえしくりかえしよく見て下さい。……（略）……みなさんがよく博物館で、絵そのものを少しも見ないで、一生懸命に下についている解説をうつしているのをよくみますが、あれでは美術を味わうことは出来ません。こうした見方では何百回みても同じことです。又、有名な作者の名が書いてあればえらいと思いこみ、どんなものでも立派な絵だという風に考えるのが私たちにとって一番つまらないことなのです」[★37]

これが終戦直後に書かれた文章であることに驚く。解説に頼りがちな人にとっては身につまされるような一文だ。作品に関する知識を学ぶ前に自分の目でしっかりと見ることを子どもに説く、つまり鑑賞の主体が見る側にあることを教えているのである。

この文章を書いたのは編者のひとりである矢崎美盛。共著者の児島喜久雄の後任として東京大学で美学・美術史の担当教官となった矢崎は、ヘーゲルの『精神現象論』を日本に翻訳紹介したことでも知られる哲学者である。

文学鑑賞に関する岡崎や石津らの論考が発表されたのは二・二六事件の頃、まさに日本が日中戦争から太平洋戦争へと向かう時期であり、その後訪れた思想史の冬の時代を考えれば、美術鑑賞における読者論的立場は地下の水脈に潜まざるをえなかった。用紙も不足し、販売量な

[★36] 今は《真珠の耳飾りの少女》という作品名で広く知られている。《少女》は当時の作品名である。

[★37] 前掲書★35、一巻、六頁。原文の旧漢字は新漢字にて表記した。

どの制約もあったことを考えれば画集出版の実現は困難を極めたはずだが、それらの障害を乗り越えて出版に漕ぎ着けることができたのは、子どもに美術を鑑賞させたいという矢崎らの堰を切ったような情熱以外の何物でもない。

作品をよく見ること、自分の目で見ること、解説に頼らないこと、作者名に翻弄されないことなど、小・中学生の読者を想定して書かれた矢崎の主張は、そのまま意味生成的な美術鑑賞の基本に結びつく。

「有名な作者が描いていれば偉いと思い込み、どんなものでも立派な絵だと思うことが私たちにとっていちばんつまらないことです」という批判も痛烈である。矢崎の声は、先に紹介した『茶の本』にある「彼ら（一般民衆）にとっては、作品の良否よりも美術家の名が重要である」という岡倉の嘆きと共鳴する。自分が良いと思うものではなく高価な作品や流行している作品を良しとし、しかもよく見ずに「感心したふりをしている」人々の傾向を岡倉は批判していた[★38]。当時の岡倉の嘆きは、いまはもう解消されているだろうか。美術館でオーディオ・ガイドに先導されて鑑賞する人々の姿を見るたびに不安になる。作品に関する知識やそれに基づく理解がないと鑑賞はおぼつかないという考え方は、美術鑑賞の場合はいまも一般観衆に根強いのではないか。

吉田の論に沿えば、理解と鑑賞の「立場の次元の違い」をわきまえ、耳から入る情報による作品理解と、目から入る情報による自分なりの感じ方や考え方の統一を図るのが鑑賞という行為のあり方になる。果たしてオーディオ・ガイドはそんなふうに活用されているのだろうか。

[★38] 前掲書★9、七四頁

耳元で優しく囁くタレントの解説にリードされ、「耳によって絵画を批評する」ことに陥っているとしたら、矢崎や岡倉は何と思うだろうか。

感想について討論する

『少年美術館』が世に出たちょうどその時期、一九五二（昭和二七）年に、デューイの『経験としての芸術』が翻訳出版された。知識を押しつけるような主知主義の教育を批判し、生徒の生活経験に注目し、そこから生まれた経験的知識を発展させて成長に結びつけるデューイの思想は、戦後の教育全般に大きな影響を与えたが、美術教育の思想基盤の形成にも大きな役割を果たしている。

デューイ思想が戦後の教育施策に果たした役割や、一九六〇年代から八〇年代にかけての国語教育におけるテクスト論や読者論の受容などから考えると、『経験としての芸術』は、テクスト論や読者論と美術鑑賞教育を関連付けた教育書の最初期の一冊と考えてよいだろう。

さて一九四七（昭和二二）年には、戦後最初の学習指導要領である『学習指導要領図画工作編（試案）』（以下、試案と表記）が公示される。図画工作の内容を見てみると、たとえば第四章には、鑑賞学習の指導について、次のように記されている。

「1．鑑賞に必要な予備研究をする。
2．作品を味わう。工芸品などは実際にそれを使ってみる。

3．鑑賞の結果の感想を述べる。
4．その感想について討論する。等が考えられる」[★39]

ここで注目すべきは、鑑賞学習の指導として「感想を述べる」とか「その感想について討論する」ということを例示している点である。これは教師が一義的に美術作品の解説をしたり、見どころを説明したりするのではなく、児童生徒が主体的に作品を見て自分が感じ取ったことや考えたことを話し合う活動を指している。

『少年美術館』にも、解説に頼らずに自分なりに見ることが示されていたが、対話による美術鑑賞の基本的な考え方が同時期に国からも民間からも示されていたということは注目すべきことである。

さらに試案では、「この活動を喚起しまた効果あらしめるためには鑑賞しようとする気持を起させること、鑑賞に適する態度に導くことがたいせつである」[★40]と、児童生徒が自ら進んで作品を見ることを重視している。

具体的に読み込むと、たとえば第三学年の鑑賞学習の指導として「絵画や彫刻などの実物、または写真や複製品を見て、その美しさを話しあう」[★41]と記されている。

やはり学習活動として話し合う活動が示されていることに注目しなければならない。さらに試案は、「美術品に対して、立ち入った説明をしても、まだよくわからないであろうから、児童の興味をひく程度の、簡単な説明にとどめるがよい」[★42]とし、教師による一方的な解説を

[★39] 文部省編「第四章 図画工作の学習指導法 五 知識及び鑑賞学習の指導」『学習指導要領図画工作編（試案）』日本書籍、一九四七年
[★40] 前掲書★39
[★41] 前掲書★39、「第八章 第三学年の図画工作指導 単元十一 工芸品及び美術品の鑑賞（一）指導方法─児童の活動3」
[★42] 前掲書★39、注記★41の項目の注意5

戒めている。

これが第六学年には、「工芸品や美術工芸品などは、その見方を研究し討論もする」[★43]とあるように、討論という言葉でより立場を明確にした話し合い活動を示唆している。「その作品のできた背景となる時代の特色、作者の略伝・逸話・名作物語、等も調べ、またその作品のどこがよいかについて、これまで多くの人が称えていたことについて調べる」とあるように、学年進行で美術史的な内容も加わってくるが、この一文は「しかし」と続けられ、「どこまでも自分の眼で見、自分の心で判断する」と締めくくられている[★44]。知識的な内容が入ってきても、どこまでも自分の目で見て、自分の心で判断することが大切であり、それが鑑賞の方法であり活動であると試案は述べているのである。

これらの記述を現在の学習指導要領と比較しても、鑑賞に対する基本的な考え方は試案の頃から揺らいでいないことが読み取れる。近年の学習指導要領ではそれがより強調され、一人ひとりの価値意識の尊重や集団による意味生成がより鮮明に示されたととらえるべきであろう。つまり、学習指導要領の鑑賞に対する基本的な考え方は最初期より通底しており、近年の改訂によって対話による美術鑑賞という内容・方針がにわかに生まれたと考えることは妥当ではない、ということである。

その一方で、美術の授業では表現領域に時間の大半が費やされ、鑑賞の授業そのものがほとんど行われてこなかったという歴史的経緯がある。また、行われていても、その授業は知識的な内容を生徒に覚えさせることを目的とするようなものであった[★45]。いわば古典主義的教

[★43] 前掲書★39、「第十一章　第六学年の図画工作指導　単元十四　工芸品及び美術品の鑑賞(一)指導方法―児童の活動1」

[★44] 前掲書★39、「第十一章　第六学年の図画工作指導　単元十四　工芸品及び美術品の鑑賞(二)指導方法―児童の活動3」

[★45] 大橋皓也「鑑賞教育の課題」山本正男監修『造形教育体系　鑑賞2鑑賞の展開』開隆堂、一九七六年、四五頁

育理論に基づく知識伝授型の学習が行われていたわけで、課題を探求し集団で知識を構成するような授業はほとんど見られなかったのだ。

もちろんこうした全体的な傾向は美術という教科に限ったことではない。ほかの教科においても知識伝授型の授業は広く行われているわけで、その中で「新しい学力観」や「生きる力」などの概念で示される教育改革の方向性に沿って、授業改革が試みられてきたというのが実態である。

注意を要することは、変化は漸次現れるものであり、全体的な傾向の中に変化の兆しはあるということだ。すなわち全体的な傾向と相容れないオルタナティブな実践は常に存在するのであり、それが顕在化する過程が実態の変容であるととらえる必要がある。

美術の授業に鑑賞の授業が占める割合は小さく、しかも知識伝授的な授業が多かったとはいえ、対話によって個々の価値意識の交流、集団による意味生成を行う美術鑑賞の授業がなかったわけではない。現存する資料によって、少なくとも一九七〇年代初頭には対話による美術鑑賞の授業が行われていたことが判明している。次に示すのはその証拠であり、一九七三（昭和四八）年に行われた授業記録である。

一九七〇年代から行われていた対話による美術鑑賞の授業

一九七三（昭和四八年）年一一月一日、静岡県浜松市の南陽中学校で三年生を対象に、レオナルド・ダ・ヴィンチの《モナ・リザ》の鑑賞授業が行われた。指導者は野島光洋。野島は自分の授業を録音し、書き起こした記録を出版している［★46］。

生徒に《モナ・リザ》を見せながら、「人がああいった、書物にこう書いてあったとか、そういうことを信じてかかってはいけない。……（略）……自分の生きた目で見る、生きた耳で聞く、これが大事です」と話しかけ、「どれだけ皆さんが率直なみかた、感じかたをしてくれたか。……（略）……感じたことをそのままいってくれて結構です」と告げると、ひとりの生徒が「女の人の顔が気にくわん」と言う。発言のあとに（爆笑）と書いてあり、この発言を受けて教室が笑いに包まれたことがわかる。

次に、野島は「どういう点で」と、発言した生徒にその根拠を尋ねている。すると生徒が「目つき─目つきが悪いで」と答えたので、また爆笑が起こる。ややふざけた感もある発言だが、野島は平然と「いやいや、みんな笑いましたが、これ実にいいみどころですよ」と褒めた。そうすると発言した生徒が喜んで自分で拍手する。生徒の得意げな顔が見えてくるようだ。

そのあとほかの生徒が「一見穏やかにみえるが、実は心の奥では悲しい感じ、戦争のあとのさびしい静けさのよう」と主題に関する深い読みを披露する。野島は「はい、そういう気がする」と受け止めるが、別の生徒は「色っぽい」と場違いな発言をし、学級はまたしても爆笑に包まれる。

しかしまたしても野島は「ふーん、どこからそういう感じがしますかねえ」と平然とその発言の根拠を尋ねる。そうするとその生徒が「目つきと、顔から下の感じ」と答えている。これは、最初の生徒の発言に「目つきが悪い」とあるので、その発言に影響されてこの生徒も「目

［★46］野島光洋『美術鑑賞の授業：中学美術鑑賞教育の方法』明治図書、一九八九年、一〇六─一二五頁

つき」に着目していることの表れとも読み取れる。

目つきに着目して、さらに別の生徒が「どこへ逃げても、目が追ってくる感じ」と発言し、野島は「なるほど、おもしろいいいかただな」とまた褒めている。

授業の導入直後はさまざまな観点からのバラバラな意見が、このように「目つき」に焦点化され鑑賞が進んでいった。授業ではこのあと「肌の色がめだつ。ぼかしっていう感じがして」とか、「手を重ねているところが憎いっていうかとにかくいい」[★47]とかの《モナ・リザ》の核心に迫るような意見が出ている。最後に野島は説話とレオナルドの生涯に関する資料を配付して、生徒に鑑賞文をまとめさせる。

このような鑑賞の授業が一九七〇年代初頭からあったのだ。

【★47】前掲書★46、一二一―一二二頁
【★48】文部省編「第2章 各教科 第6節 美術 第2 各学年の目標 目標及び内容〔第3学年〕1目標(5)」『中学校学習指導要領』一九六九年
【★49】前掲書★48、「第2章 各教科 第6節 美術 第2 各学年の目標 目標及び内容〔第3学年〕2内容 E鑑賞(1)イ」

一九七三年と二〇一二年の授業を比較してみよう

《モナ・リザ》の授業当時の学習指導要領は「鑑賞の学習を通して、作品を主体的にみる態度や能力を育てる」[★48]ことを目標に掲げている。したがって学習指導要領に沿って誠実に授業を行っておればこのような授業になるのは当然の成り行きであり、野島のような授業が決して彼独自の実験的なものではないことは明らかである。しかも授業の後半では説話を行い、資料を配付して「表現の内容や技法の特色を考え，いっそう深く味わうこと」[★49]というねらいに則して生徒に鑑賞文を書かせている。これは現在私たちが推進している、育成する資質能力を踏まえた対話による美術鑑賞の考え方を反映した授業だといえる。

■図2｜1973年と2012年の授業比較

レオナルド《モナ・リザ》の鑑賞授業
1973.11.1
授業者：野島光洋
学習者：静岡県浜松市立南陽中学３年生

先生　どれだけ皆さんが率直なみかた、感じかたをしてくれたか。
感じたことをそのままいってくれて結構です。
生徒　女の人の顔が気にくわん。（爆笑）
先生　**どういう点で？**
生徒　目つき—目つきが悪いで。（爆笑）
先生　いやいや、みんな笑いましたが、
これ実にいいみどころですよ。
（発言した生徒が喜んで自分で拍手する）
生徒　一見穏やかにみえるが、実は心の奥では悲しい感じ。
戦争のあとのさびしい静けさのよう。
先生　はい。そういう気がする。
生徒　色っぽい。（爆笑）
先生　**どこからそういう感じがしますかねえ。**
生徒　目つきと、顔から下の感じ。
生徒　どこへ逃げても、目が追ってくる感じ。
先生　**なるほど、おもしろいいいかただな。**

宗達《風神雷神図屏風》の鑑賞授業
2012.2.17
授業者：山崎正明
学習者：北海道千歳市立北斗中学1年生

先生　**正解はないからね。**
気づいたことを
どんどん発表してください。
生徒　服装が似ていると思いました。
先生　服装が似ている。**どんなところが似ているのかな。**
生徒　黒いひもみたいなのが。
先生　**ああ、確かに。**ここに黒いひもみたいなものがあるね。
生徒　付け足しです。……（略）……
先生　**なるほど。いい付け足しだね。**
生徒　ライバルだと思います。
先生　**どうして、そう見えるんだろう。**
生徒　風神は雷神に向かっていまにも襲いかかりそうな感じがします。
先生　**なるほど。**さっき風神の目線が雷神に向いているって言った人がいましたね。

野島の授業と第一部の冒頭に載せた山崎の授業（二六―三三頁）とを比較してみよう。

一九七三（昭和四八）年の野島の授業は、「どれだけ皆さんが率直なみかた、感じかたをしてくれたか。……（略）……感じたことをそのままいってくれて結構です」と生徒に告げ、対話を始めている。一方、二〇一二（平成二四）年の山崎の授業は「気づいたことをどんどん発表してください」と発言を促している。表現は違うが、ねらいは同じだ。両者とも作品を見て感じたことや気づいたことを発言するように指示している。

指示の形をとってはいるが、これは「何を感じましたか？」「どんなことに気づきましたか？」という質問の指示形である。第二部で詳しく述べるが、このように答えが多様に出る質問を〈開かれた質問〉といい、野島も山崎も〈開かれた質問〉で授業を始めている。

■図3｜1973年と2012年の授業比較

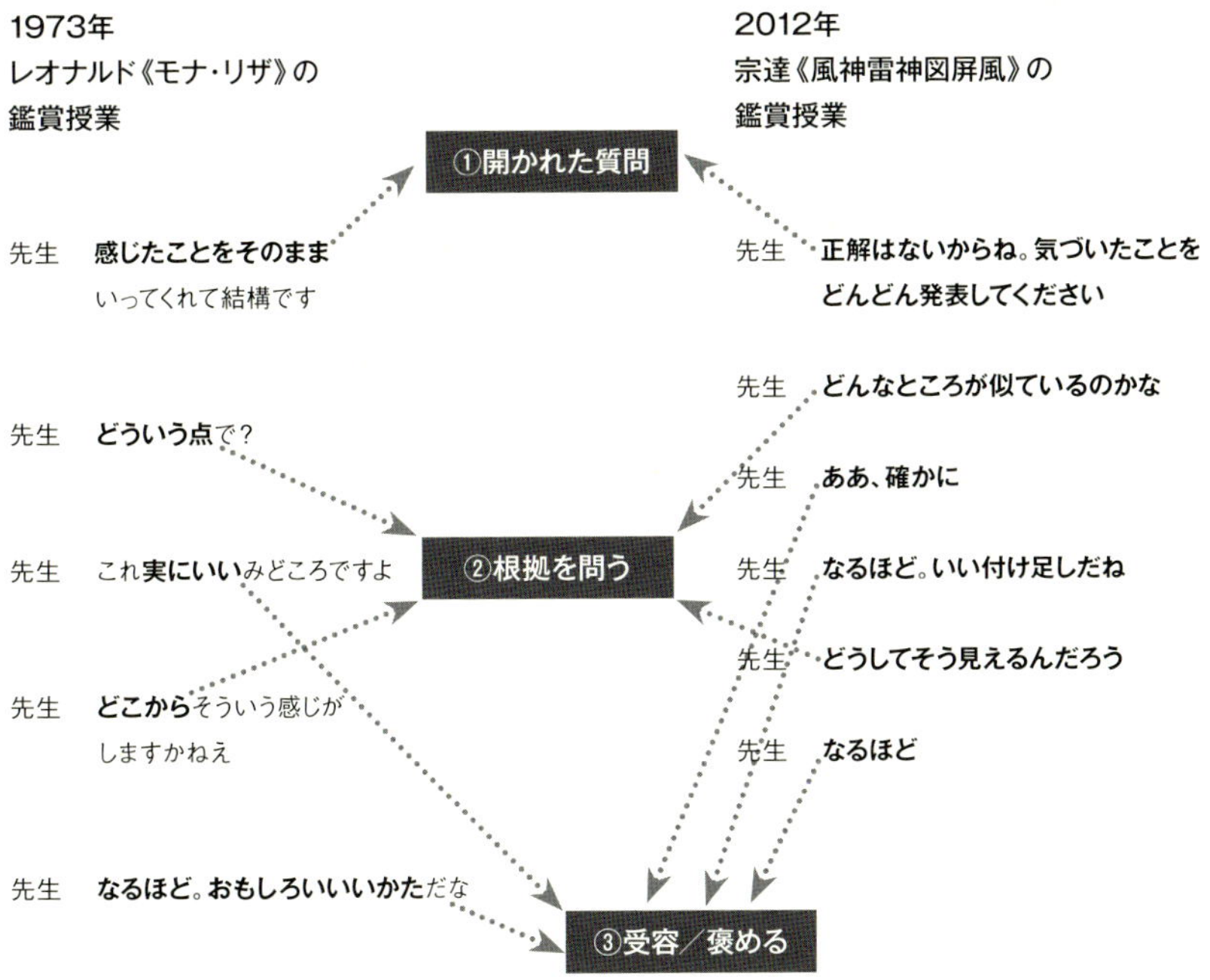
1973年
レオナルド《モナ・リザ》の
鑑賞授業
2012年
宗達《風神雷神図屛風》の
鑑賞授業
①開かれた質問
先生　感じたことをそのまま
いってくれて結構です
先生　正解はないからね。気づいたことを
どんどん発表してください
先生　どんなところが似ているのかな
先生　どういう点で？
先生　ああ、確かに
先生　これ実にいいみどころですよ
②根拠を問う
先生　なるほど。いい付け足しだね
先生　どうしてそう見えるんだろう
先生　どこからそういう感じが
しますかねえ
先生　なるほど
先生　なるほど。おもしろいいいかただな
③受容／褒める

生徒の発言に対してはどうだろうか。野島は「どういう点で?」「どこから?」と問い、山崎も「どうして?」と発言の根拠を問うている。また、野島は「実にいい」とか「なるほど、おもしろい」と生徒の発言を褒め、山崎も「ああ、確かに!」「なるほど。いい付け足しだね」と受容的な態度で意見を受け止めている。

二つの授業は図2と3に示したように、生徒の学習活動も教師の指導も対話による美術鑑賞の基本を踏まえたものである。およそ四〇年の時空を超えた授業とは思えないほど、二つの授業構造は酷似しているのだ。

このことは、読者論やテクスト論などの考え方を背後にもつ美術鑑賞教育の素地が一九七〇年代にはすでに形成されており、実践されていたということを物語る。野島の授業は、当時において一般的とはいえなかったものの決して稀な存在ではなかった。それは同時期に、美術教育学者の大橋皓也が対話を前提としたさまざまな授業法を提案し、「鑑賞は対話である」と述べていたことからも推し量ることができる[★50]。

今日見られる対話による美術鑑賞は、近年の学習指導要領によって生まれたものではなく、戦後の学習指導要領以来、もしかするとそれ以前から各地で行われていたと思われる地道な授業が顕在化したものと、俯瞰的に見るべきだろう。

[★50] 大橋皓也「鑑賞教育の課題」『造形教育体系　鑑賞2鑑賞の展開』山本正男監修、開隆堂、一九七六年、四八―五二頁

3―後期―学校教育における停滞と美術館教育の興隆

高度経済成長が頂点を目指して加速し、工業社会が形成されていく一九八〇年代は本格的な消費者社会の到来を告げた。日本でも内閣府調査による国民の生活満足度が八〇年代中葉に頂点を迎え、消費者という意識が市民の中に広がり、市民の声が生活のあり方から社会のあり方にまで波及していくようになった。生産者よりも消費者の立場が強くなり、製品を使う側の立場が強くなってきたのである。

このような社会意識を背景に、芸術の生産者である作者や製品である作品よりも、その消費者である読者や鑑賞者の立場を優位にとらえる鑑賞理念が浸透していく。社会の変容とともに思想もまた変容し、それが広く受容されるのだ。

作品を作者から絶縁し、読者の側から読む行為をとらえ直すという理念を分かりやすく説き、その社会的な普及に大きな貢献を果たした人物といえば、まずフランスの批評家ロラン・バルトの名前を挙げなければならない。

「読者の誕生は、作者の死によってあがなわれなければならないのだ」という名言を残したバルトは、文学の鑑賞についてこのように考えた。ひとつのテクストは多元的なエクリチュールの産物である。そして、その多元性が収斂する場がある。それは、作者ではなく、読者であると[★51]。

バルトは、作品の鑑賞は作者の意図を正確に理解する行為であるという考え方を、作者の打

[★51] ロラン・バルト「作者の死」『物語の構造分析』花輪光訳、みすず書房、一九七九年、八九頁。エクリチュールとは、たとえば社会的な階層や特定の集団において、社会的に制度化された言語を指す。

ち明け話に依存するような行為として批判した。作品とはさまざまなものが引用された織物のようなものであり、それを解くのは読者であると主張したのだった。

同時期に、イタリアの記号論者であり作家のウンベルト・エーコは、作品はあとからなされる解釈に対して「開かれた存在」であり、鑑賞者の解釈が作家の意図の範疇に属しているか否かはさして重要なことではない。問われるべきは、鑑賞者が生成した自己の内なる感情や思考の独自の質であると主張している［★52］。

このように作品というものを、作者がつくり出した一義的な意味しかもたない消費の対象としてではなく、読者によって意味が生産される対象としてとらえ直す立場は、日本では「テクスト論」と称された。作品を自明の価値という視点からではなく、見る者との関係性によって成り立つ「開かれた作品」という視点からとらえる立場である。

美術評論家の宮川淳がこう述べている。

「芸術とは、作品のなかに、あるいはその《背後》に自己完結的に存在するのではなく、その手前に、この《見る》ことの厚みのなかに共同の幻想として成立する」［★53］

作品の中や背後に自己完結的に存在するもの、つまり表現の特徴や様式、作者の意図や時代背景といった事柄に注目するのは学問である。しかし芸術はそこにではなく、《見る》という行為の中に生まれる。作品の手前、つまり自分と作品との間に生まれる化学反応のようなもの、それこそが芸術であると宮川は指摘したのである。

鑑賞に対するこうした考え方はひとつの思潮となり、作家の側にも及んでいく。作品を作者

［★52］ウンベルト・エーコ『開かれた作品』篠原資明・和田忠彦訳、青土社、二〇一一年、八九—九三頁(Umberto Eco, *Opera aperta*, 1962)

［★53］宮川淳「手の失権」『宮川淳著作集Ⅱ』美術出版社、一九八〇年、二五三頁(初出『美術手帖』一九六九年二月号)

固有の意味をもつ生産物と見るのではなく、観者によって意味を与えられる存在であることを自覚していくのである。

二〇世紀美術を代表する作家パブロ・ピカソはこう述べている。

「絵画作品というものは、あらかじめ構想されているものでも、固定化されているものでもありません。制作の過程で、画家の思考の変化に従って変貌するものなのです。そして完成した後も、作品を観る人の情況によってまた変るのです。1枚の作品は、生き物のように自分の生を生きるのであり、日常生活がわれわれに課すもろもろの変化を蒙るのです。それは、絵画作品が観る人によって初めて生命を与えられることを考えれば、当然のことだと思います」［★54］

［★54］神吉敬三編『ピカソ全集5』神吉敬三・馬淵明子訳、講談社、一九八一年、一三〇頁

ポスト工業社会の到来と学習理論の転換

産業革命のあと発達した資本主義や経済学は、世界を工業化していった。国家主義を基盤とする競争原理と工業生産の論理が二〇世紀を一貫する近代化の主要な原理であった。そのため、科学や医学などにおける真理の探究や新しい発見の競争は、科学技術の目覚ましい発達と新しい商品の開発競争を促した。その結果、二〇世紀の工業社会は文明の進歩と生活の利便性を私たちにもたらしたのである。

しかしその半面、競争原理と工業生産の論理は、環境破壊と消費の飽和化、経済の停滞というカタストロフィを生み、「持続可能な発展」が環境サミットで討議されるようになった。工業社会というその構造が変化してきたのである。

社会学者ダニエル・ベルはその変化を総括し、二一世紀を「脱工業社会」[★55]と予測し、経済学者ピーター・F・ドラッカーは『ポスト資本主義社会』[★56]において知識が重要な資源になると論じた。今日、二一世紀を知識基盤社会と位置づける考え方の源がこの時期に生まれている。

社会は教育を性格づけ、教育は社会を表現する。社会が変われば教育も変わる。二〇世紀初頭、世界の工業社会化とともに導入され、近代の学校を特徴づけてきた画一性と効率性は根底から問い直され、学ぶことの意味が問い直されなければならないとされた。学校での学びのあり方の再構築に向けて、教育原理や学習理論は変容を求められたのだ。その中核的役割を果たしたのが構成主義の学習理論であり、認知心理学の発展であった。

学習活動としての対話による美術鑑賞が目指す意味生成とは何かというと、それは集団で探求する学習の中で知の相互作用がなされ、知識を構成していく過程を指す。その基盤には、学習を子どもが知識を構成していく過程ととらえ、それは共同体の中での相互作用を通じて行われるものととらえた構成主義の学習理論がある。

教育という言葉に染みついた、教える者と学ぶ者という決められた役割認識の中で行われる知識の伝達行為、という観念を覆したのが構成主義の学習理論だ。

現在の構成主義の学習理論にはいくつもの伝統的道筋がある。デューイの学びに関する理論も、心理学者のジャン・ピアジェが礎を築きレフ・ヴィゴツキーが発展させた発達理論も、学びを意味生成の過程ととらえたものである。これらは構成主義の代表的な学習理論として近年

[★55] ダニエル・ベル『脱工業社会の到来』内田忠夫ほか訳、ダイヤモンド社、一九七五年

[★56] ピーター・F・ドラッカー『ポスト資本主義社会』上田惇生訳、ダイヤモンド社、一九九三年

再評価が著しい。

ピアジェの理論では、学習とは個人を単位とする心理的過程であり、知識とは、子ども一人ひとりが多様な事象に働きかけ、自己の認知スキーマを使って一人ひとりが構成するものとされている。

一方ヴィゴツキーの理論では、学習は社会的な相互作用であり、知識は社会的に探求し構成されるものである。子ども一人ひとりがその過程に協働的に参加し、生み出された知識は共有されるものとされている。

二つの学習理論は、どちらも知識は与えられるものではなく学習者が獲得する（構成する）ものであるという点で共通しているが、ヴィゴツキーの場合は「発達の最近接領域」［★57］の理論によって教育の重要性を説き、社会的な要素に主眼を置いているため社会的構成主義と呼ばれている。

佐藤学によれば、社会的構成主義の学習論は、

- **言語を媒介として意味を構成する言語的実践**としての学び
- **反省的思考＝探究**としての学び
- **社会的コミュニケーション**としての学び
- **自己と社会を構成し続ける実践**としての学び

［★57］子どもの能力が成熟した段階を発達水準と呼び、成熟中の段階にあって他者の支援があれば問題解決が可能な水準を発達の最近接領域と呼ぶ。言い換えれば、自分で解決できる水準と支援によって解決できる水準のずれを指す。レフ・セミョノヴィチ・ヴィゴツキー『新訳版 思考と言語』柴田義松訳、新読書社、二〇〇一年、二八九—三〇九・三一八頁参照。

として規定される[★58]。

これらの学びのすべてが、対話による美術鑑賞の授業における意味生成を支えている。一人ひとりが作品世界を**探求**し、内なる対話により意味を**反省的に思考し**、対話という**社会的コミュニケーション**により**言語を媒介として**集団的に作品の**意味を構成する**経験は、**自己と社会を構成し続ける**資質能力の育成に寄与するものだからである。

対話による美術鑑賞では、生徒一人ひとりが主体的な学習者として、どのように作品に向き合い何を感じ取ったか、何を考えたか、鑑賞活動を通してどのような力を伸ばしたのか、ということが問われる。

知識を「蓄積するもの」としてではなく「つくり出すもの」としてとらえ、学力を知識の量ではなく学ぶ意欲や能力ととらえる構成主義的な学習理論があってこそ、集団の対話によって作品の意味をつくり出す意味生成的な美術鑑賞は、学習活動として成立するのである。

ヴィゴツキーの死後、彼の著作は反マルクス主義であるとして発禁処分となった。しかしスターリンの死後ヴィゴツキーの思想は復権し、一九七〇年代以降には行動主義一辺倒であった米国の教育界でも社会構成主義の考え方が浸透し始める。それは学習理論の根幹にあった学習心理学が、大きな転換を遂げたからである。

七〇年代までの学習心理学は、いまでは信じがたいことかもしれないが、人間の学習行動そのものを対象にではなく、もっぱらハツカネズミやハトなどの動物を対象とする実験に基づき導き出されたものだった。レバーを押したり、迷路を走ったりする単純で低位の学習行動に関

[★58] 佐藤学「現代学習論批判」堀尾輝久ほか編『講座学校第5巻 学校の学び・人間の学び』柏書房、一九九六年、一七〇頁

する研究から、刺激と反応による実験結果によって子どもの学習が説明されてきたのだ。学習行動は生物の種によって変わらないという前提によって、人間の学習が考えられてきたからである。

ジョン・ワトソン、エドワード・ソーンダイク以来、バラス・スキナーに至るまでの行動主義をもとにした学習理論は、多重知能理論の提唱者であるハーバード大学のハワード・ガードナーらが主導した認知革命の成果によって急速にその影響力を失う。認知心理学による人間自身を対象とする研究がこの数十年で画期的に進み、行動主義の学習心理学は衰退したのである。

こうした学習理論の転換を前提にしないと、意味生成的な美術鑑賞の教育的な意義は正しく理解できないだろう。対話による美術鑑賞が学習として広く受容される社会がようやく到来したのである。

DBAEとNTIEVAとアメリア・アレナス

アメリカの美術教育界では、すでに創造（表現）主義を脱し鑑賞教育重視の方向性が打ち出されていた。一九八〇年代から盛んに論議を呼んだDBAEもそのひとつである。DBAEとは、Discipline-Based Art Education の略称である。スプートニク・ショック［★59］以後に興った教育改革の流れの中で、教科の原理や構造を中心とする「ディシプリン中心カリキュラム」に位置づけられるものであり、単に美術教育の改革だけの事象ではない。

DBAEは美術で学ぶことへの包括的なアプローチである。美術作品を中心に置いて、美術

［★59］東西冷戦下での一九五七年、ソビエトが世界で初めて人工衛星の打ち上げに成功し、アメリカをはじめとする西側諸国の政府や社会を襲った衝撃や危機感のこと。科学技術の優位性を覆された諸国では教育改革が進められ、日本では学習指導要領の高度化が行われた。

の創造と理解と鑑賞に寄与する四つの基礎的な美術のディシプリンから内容を導くものだ。それは美術制作（art production）、美術史（art history）、美術批評（art criticism）、そして美学（aesthetics）の四つである。

ゲティ芸術教育センターが基金を出し、DBAEの具体的な教育プログラムが作成された。アメリア・アレナスはこのプロジェクトにメンバーのひとりとして参加していたのである。

DBAEの実現のための研究と研修を行うために、NTIEVA（North Texas Institute for Educators on the Visual Arts）が組織され、DBAEの理論と実施に関する大規模な研修が行われた。実施は学校区単位であり、美術の専門家や教師、校長および教育委員会メンバーがその対象となった。同様の研修は美術館教育者とドーセント［★60］に対しても行われている。

NTIEVAは全国美術館／学校コラボレーション・センターを構想した。ノーステキサス大学のナンシー・ベリーやNTIEVAの共同ディレクターであるジャック・デービスらがリーダーシップをとっている。

一九九四年には、達成度や目標、活動を検証するための諮問委員会が開かれる。アレナスはこれに委員として加わり、メイン州ポートランド美術館のデイナ・ボールドウィンら八名が諮問委員として協議した。のちに日本の美術館における鑑賞教育に多大な影響を与えることになるアレナスは、このようにして全国美術館／学校コラボレーション・センターの構想、行動、検証に関わり、DBAEの実現に貢献してきた人物だったのである。

一九七〇年代以降、米国では、学校と美術館はより親密に教育活動を行うようになった。そ

［★60］米国で生まれた制度で、主に専門のトレーニングを受けた美術館や博物館の解説スタッフを指す。日本の美術館ボランティアとはその成り立ちは異なる。ドーセントに対する考え方は美術館や博物館ごとに違う。

の根拠のひとつに、教育機関と認定された美術館は税金が減免されるという、一九六九（昭和四四）年の税制改革があることは疑うべくもない。

また七〇年代に起こった学校美術教師の大幅削減も背景に、ニューヨーク近代美術館ではそれまでの制作中心の教育プログラムから鑑賞中心の教育プログラムに変わった。これは一九六九年までに華々しく制作中心のプログラムを推進した初代教育部長のヴィクトル・ダミコの退職と時期を同じくしている。

さらに一九八三年のフィリップ・ヤノワインの教育部長就任以後は、新しい鑑賞教育プログラムが開発された。それはコレクションへの大衆の参加を目的とするものであり、美術史的内容の提供に加え、来館者が自分にとっての意味を発見できる機会を提供することも含まれたものだった［★61］。その後にアレナスが教育部講師として就任し、ＶＴＣ（Visual Thinking Curriculum／ヴィジュアル・シンキング・カリキュラム）の開発が行われる。

以上のような経過を背負ってアレナスは日本を訪れるのである。

エア・ポケットに沈み込んだ美術鑑賞教育

目を日本に転じよう。一九八〇年代から九〇年代にかけて、日本の美術鑑賞教育は下降気流によって航空機が急激に高度を落とすかのように、エア・ポケットに沈んでしまった。

一九七七（昭和五二）年に公示された学習指導要領では、小学校は第一学年から「自分や友人の作品を見て、その表したかったこと、感じたことなどについて話し合うこと」が鑑賞の内

［★61］*The Museum of Modern Art New York Annual Report.1984-85*, The Museum of Modern Art, New York. 1985, p.42

容に示されている。鑑賞の対象が美術作品ではなく、「自分や友人の作品」であることに注意しなければならない。美術作品が鑑賞の対象となるのは第三学年以降であり、しかも「表現しようとすることに関連した」ものに限られている。作品そのものを鑑賞するのは中学校以降になる。しかも小学校第二学年以降、作品を見て話し合うという学習形態は文言としては示されていない［★62］。

かつて、一九六八（昭和四三）年の小学校学習指導要領が、作品を見て話し合うことが全学年を通して示され、たとえば第六学年では「絵画、彫刻、工芸、建築などの代表的な作品」を見せ、「作品の内容や表現のしかたについて、比較したり、話し合ったりすること」［★63］と示されていたことなどと比べると、鑑賞の内容は明らかに縮小され限定されている。

なぜこのような簡素化ともいえる改訂が行われたのだろうか。

その根源はゆとり教育にある。ゆとりある充実した学校生活の実現を謳い、学習負担の適正化を行うために、一九七七（昭和五二）年の改訂では教科の目標・内容が中核的事項に絞られた。いわゆるゆとり教育が始まったのだ［★64］。

スプートニク・ショック以降、米国と同様に日本でも教育の現代化を旗印に学習指導要領は内容が豊富になり高度になった。その結果、授業についていけない落ちこぼれの児童生徒を多く生み出すことになった。ゆとり教育はその反省に立ったものといえる。

美術鑑賞教育もその例外ではなく、一九六〇年代に「代表的な美術作品を鑑賞させる」（小学校学習指導要領、一九六八年）「すぐれた美術作品を鑑賞させる」（中学校学習指導要領、

［★62］文部省編「第2章 各教科 第6節 図画工作」『小学校学習指導要領』一九七七年

［★63］文部省編「第2章 各教科 第6節 図画工作」『小学校学習指導要領』一九六八年

［★64］ゆとり教育の中核的役割を担った寺脇研は、「ゆとり教育というのはマスコミがつけた名前で、我々が考えていたのは生涯学習でした」と述べている（寺脇研「さまざまな学びのすすめ」『GRAPHICATION』一九二号、富士ゼロックス、二〇一四年、二〇頁）。しかし鑑賞対象や方法の制限が果たして生涯教育につながるのだろうか。

一九六九年）と示されていた内容は、跡形もなく消え失せたのである。ゆとり教育という下降気流を受けた美術鑑賞教育は、エア・ポケットに沈み込んだ。

構成主義の学習理論は、国語や数学などさまざまな教科の授業研究に大きな影響を与えたが、美術教育においては、そうした学習理論の視点からの授業研究は稀だった。その最大の原因が表現偏重の授業実態にあると考えて間違いない。野島らの実践に見られたような鑑賞授業も、この時期には停滞せざるをえなかったのである。対話による美術鑑賞が活性化するには、一九九八（平成一〇）年の学習指導要領を待たなければならなかったのだ。

2章 対話による美術鑑賞はどのように浸透していったのだろう

1 美術館への黒船来航

ファースト・インパクト――アレナスとヤノワインの来日

一九九五（平成七）年八月、茨城の水戸芸術館で「ミュージアム・エデュケーションの理念と実際～ニューヨーク近代美術館の事例に学ぶ～」［★1］という研修会が開催された。当時ニューヨーク近代美術館で教育部カリキュラム担当であったアメリア・アレナスと、すでに同館を辞していた元教育部長フィリップ・ヤノワインが来日して行われた美術鑑賞に関する研修会だ。このとき紹介されたＶＴＣ（ヴィジュアル・シンキング・カリギュラム）は、アビゲイル・ハウゼンの研究［★2］をもとに開発されたもので、美術の知識のみを与えることに重点が置かれてきた従来の方法に対して、観衆が作品と対話しながら鑑賞能力を開発していく

［★1］会期は、一九九五年八月二三日（水）―二七日（日）

［★2］Abigail Housen, *The Eye of the Beholder: Measuring Aesthetic Development*, Harvard Graduate School of Education, 1983

という方法論である。

この研修会は、日本の美術館教育関係者に大きな衝撃を与えた。それまでの美術館の鑑賞に関する教育普及活動は、観衆が聞き手に回る解説中心のガイド・トークが多数だったからだ。

美術館の教育施策は長らく無風状態が続いていたが、一九九〇年代に入り、それを揺るがす出来事が立て続けに起こる。

一九九二（平成四）年に「美術館教育普及国際シンポジウム」が横浜で開催された。これは日本で初めて開催された国際的な教育普及の会合である。基調提案を行ったケント・ライデッカーがアメリカにおける美術館教育の現状を伝えた。当時メトロポリタン美術館の館長であったライデッカーは、教育施設としての美術館の社会的な使命（ミッション）について自館の歴史と現状を踏まえながら力説した。「（美術館は）教育的活動を通して、コミュニティに最大限の利益を与えることが最も重要な機能である」[★3]と断言したのである。その背景に一九九一（平成三）年五月、アメリカ博物館協会（AAM）理事会が採択した報告書『卓越と公平—教育とミュージアムの公共性』[★4]があることは言うまでもない。

翌年、全国美術館会議は教育普及ワーキンググループ（現在の教育普及研究部会）を発足させた[★5]。「学習者の主体性を尊重することで博物館の教育は本来の役割を達成できる」[★6]として、作品ではなく市民が主役となる美術館のあり方を説いた伊藤寿朗が『市民のなかの博物館』を著したのもこの頃である。

一九九六（平成八）年には中央教育審議会が「美術館等の社会教育施設は子供たちのそれぞ

［★3］ケント・ライデッカー「基調講演：1 アメリカにおける美術館教育の現状」『美術館教育普及国際シンポジウム1992報告書』美術館教育普及国際シンポジウム実行委員会、一九九三年、八—三〇頁

［★4］AAMの同報告書は一九八四年のレポート『21世紀のミュージアム』を踏まえた「ミュージアム教育に関する特別委員会」による二年半にわたる議論と研究の成果である。

［★5］同グループは一九九七年に報告書『美術館の教育普及・実践理念とその現状』を提出する。文中の「これまでの教育がしてきたのと同じような問題を再生産することだけは避けたい」とか、「現在の学校教育が陥っているさまざまな問題を繰り返さない」などの文言からは、学校に対する美術館の姿勢が垣間見える。学校を連携の対象としてとらえる意識は希薄であった。

［★6］伊藤寿朗『市民のなかの博物館』吉川弘文館、一九九三年、七五頁

れの興味や関心に応じた主体的な学習の場であることを要求する」[★7]旨を文部省に答申している。

すべてが一九九〇年代初頭のわずか五年間の出来事であることに驚く。社会的な動向として、また国の教育施策として、能動的な観察を教育する場としての美術館のあり方とその具体化が求められていたのである。アレナスとヤノワインの来日時期が、美術館にとって、まさに絶妙な時期であったことがお分かりいただけるだろう。解説中心のガイド・トークではこうした動向や施策に対応できないからだ。

いやむしろ、そもそも日本の美術館施策はソフトウェアとしての教育よりもハードウェア優先だったという方が妥当であるかもしれない。

日本各地に美術館が建設されたのは近年のことである。日本が高度経済成長を遂げた一九七〇年代末からバブル経済へと向かう八〇年代に、「近代化の時代から近代を超える時代に、経済中心の時代から文化重視の時代へ」[★8]という大平正芳首相の施政方針演説にも表れているように、国を挙げて文化行政に力を入れるようになる。

しかしその実態は施設の建設が中心であって、わが街にもホールを美術館を、という意識での施設建設は、のちに箱モノ行政と揶揄されることになる[★9]。箱モノ行政とは、美術館という箱（建物）をつくることに文化行政の主目的が置かれ、それを活用する教育普及などの市民サービスの方策が十分に機能していないため、施設が有効に活用されていないのではないかという批判を意味する。

[★7] 中央教育審議会『21世紀を展望した我が国の教育の在り方について（第一次答申）』第2部第3章および第4章、第3部第3章など、一九九六年

[★8] 一九七九年一月二五日、第八七回国会衆議院本会議における大平首相による施政方針演説。

[★9] 兵庫県立近代美術館や北九州市立美術館、北海道立近代美術館など、開館当初より教育普及活動に力を入れた公立美術館もあった。

市民に対する文化施設のあり方が問われる中、八〇年代末からメセナ［★10］やフィランソロピー［★11］などの考え方が導入されるにつれて、施設のあり方に関する議論は加速し、美術館においては作品の収集や展示という側面だけでなく、市民に対する施設の活用方法の側面、すなわち教育普及への関心が増大していったのである。

美術館が市民の側に立った教育普及のあり方について模索し始めていた。アレナスとヤノワインは、まさにその時期に来日したのである。

絶妙のタイミングで紹介されたＶＴＣ。観衆を巻き込んで行う美術鑑賞の手法は当時の美術館関係者に大きな驚きと関心を与えた。その後の美術館におけるギャラリー・トークにも影響と変化を与えることになる。

しかし、対話による学習活動の長い歴史と伝統がある小学校や中学校などの学校と違い、観衆との対話による教育的関わりが希薄であった美術館にとって、一九九五（平成七）年のこの研修会がのちのＶＴＳ（ヴィジュアル・シンキング・ストラテジー）にも関係するＶＴＣの研修であったことは、美術館関係者に対話＝ＶＴＣ（ＶＴＳ）という誤った印象を与えてしまった大きな要因であることは疑う余地がない。現在にまで続くイノセントな誤解はこうして生まれたのである。

その誤解を解くために、まずは、この研修会直後のアレナスとその周辺の動向に着目してみよう。

［★10］主に企業による芸術、文化への支援活動を指す。
［★11］主に企業による社会貢献活動を指す。

セカンド・インパクト──『なぜ、これがアートなの？』

幸運なことにアレナスの考え方とトークの手法におおいに啓発され、なんとかして観衆主導のギャラリー・トークを日本で広めたいと考えた人たちがいた。当時は美術館スタッフによる解説中心のガイド・ツアーですらまだ珍しい時期だったから、彼らは極めて先進的な考え方と行動力をもった人たちだったといえよう。

そのひとりに、株式会社淡交社で美術出版企画を行っていた藤元由記子がいる。来日以前からニューヨーク近代美術館でアレナスのトークに感銘を受けていた彼女は『なぜ、これがアートなの？』というアレナスによる書籍とビデオ制作を企画し（ともに淡交社、一九九八年）、さらに同名の展覧会の企画にも携わった。

しかし、当時の美術館関係者が一様に抱いた疑問や不安があった。それは、観衆に自分の意見を人前で語らせるアレナスの手法は「アメリカの国民性に合ったトークであり、日本人を対象としてはうまくいかないのではないか」（都筑正敏／豊田市美術館）という疑問であり、「日本人は人前で自分の意見なんて言わないんだから、このやり方は無理かも」（林寿美／川村記念美術館）[★12]という不安だった。

それを払拭するとともにギャラリー・トークを進行するスタッフの研修のために、翌一九九六（平成八）年秋、アレナスは再び日本を訪れる。

豊田市美術館でのアレナスによるトーク研修会では、当初は戸惑っていたガイド・スタッフたちも、ひとりが勇気を出して発言したのをきっかけに、次々と発言し始めた。アレナスは発

[★12] 引用の言葉はいずれも上野行一監修『まなざしの共有』淡交社、二〇〇一年、九九ならびに一三六頁より。

言者の意図を掘り下げながら対話のやりとりを構成していく。間合いをはかって話を転換させたり、意見をまとめたりして、少しずつ作品の核心へと迫っていく。スタッフたちはアレナスの研修を通して、作品と向かい合って自分が考えたこと、自分の中にわき起こる感情を話すことがとても気持ちのよいものであり、おもしろいものであることを学んだ。見る者が主体的に作品と対峙することで、自分なりの解釈、意味生成を行っていく作品鑑賞の醍醐味を体験したのである。

一九九七（平成九）年にもアレナスは来日し、今度は子どもに向けてのギャラリー・トークを行った。川村記念美術館（現ＤＩＣ川村記念美術館）に集まった観客は小学校の低学年から中学生までの約二〇名。アレナスが日本の子どもに対してギャラリー・トークを行ったのはこのときが初めてである。

子どもたちが委縮することを恐れて関係者を別室に隔離したにもかかわらず、必ずしも活発な対話が行われたとはいえない。それでも関係者は、それまで漠然としていた子ども相手のギャラリー・トークのイメージを明確にし、手ごたえを感じ取ったようだ。

このように周到な準備を経て「なぜ、これがアートなの？」展は企画され、一九九八（平成一〇）年から九九（平成一一）年にかけて豊田市美術館、川村記念美術館、水戸芸術館の三館を巡回したのである。

「なぜ、これがアートなの？」展はいろいろな意味で画期的な展覧会として記憶されるだろう。観客が入らないと敬遠されがちな現代作品の展覧会であったことはもとより、作品名や作者名を書いたカードや解説パネルが掲示されていないこと、作品と作品の間隔を十分にとった展示方法（これらは作品を先入観なしにじっくりと見てもらうための配慮でもある）、そして解説中心のガイド・ツアーではなく対話によるギャラリー・トークが行われたことである。

そして何よりも画期的だったことは、会期中、地域の学校に呼びかけて対話による美術鑑賞の授業が行われたことである（図4）。

いまでは各地で見られるようになったが、美術館と学校が連携して教育プログラムを開発したり、ワークシートを作成したり、対話による美術鑑賞授業を実施したりするという教育活動の先駆けとなったのが、この展覧会だったといえる。

また、これまで停滞しがちだった学校での鑑賞教育が活性化する重要なきっかけともなった。一九九〇年代、対話による美術鑑賞の授業

■図4｜「なぜ、これがアートなの?」展　ティーチャーズ・キット

手引には声がけの例などがあり、先生が授業で使えるよう配慮されている
「この絵は何に見える？」
悪い質問例：
「この絵を描いた人は誰ですか？」
なぜ、これがアートなの?

左から、バインダー、出品作品リスト、鑑賞学習の手引、アートカード、作品解説カード（資料提供＝豊田市美術館）

は教室ですら十分ではなく、まして美術館と連携して行うことなどほとんどなかった時期にあって、志ある多くの先生方に勇気と意欲を与えてくれたのである。

サード・インパクト――「最後の晩餐・ニューヨークをゆく」

「今日はレオナルドが描いた世界をいっしょに想像してみましょう。ここでは何が起こっているんでしょう」[★13]

美術館という限られた場所で、しかも一部の人たちにしか知られていなかった対話による美術鑑賞がテレビを通じて放映され、広く一般市民に紹介された瞬間である。

一九九九(平成一一)年九月、アレナスが進行役を務めたテレビ番組「最後の晩餐・ニューヨークをゆく―僕たちが挑むレオナルドの謎」がNHK教育テレビで放映された。アレナスの初来日が美術館関係者への衝撃とすれば、「なぜ、これがアートなの?」は美術愛好家への衝撃であり、「最後の晩餐・ニューヨークをゆく」は一般大衆への衝撃であった。この番組は、世界中の教育番組に与えられる最高の栄誉である「日本賞」のグランプリを受賞し、繰り返し再放送され、多くの美術教師が視聴し影響を受けた。この番組を見て対話による美術鑑賞の授業を始めた教師も少なくない。

しかし、美術館で行われるギャラリー・トークと、学校で教育課程の一環として行われる美術鑑賞の授業とは質が違う。学校で行う場合にはどのようにするのが望ましいのか。

それを明らかにするために、二〇〇〇(平成一二)年六月、筆者とその研究仲間の小・中学

[★13] ETVカルチャースペシャル「最後の晩餐・ニューヨークをゆく―僕たちが挑むレオナルドの謎」日本放送協会、一九九九年九月四日放送

校教師が研究授業に取り組んだ。扱った作品はピカソの《ゲルニカ》。授業者は小学校が岩崎多賀子（高知大院生）、藤本淳平、梅原才子（高知市立三里小学校）、中学校が奥村高明（日向市立富島中）の四名だった。

筆者とアレナスとの出会いは一九九〇（平成二）年から始まる。筆者らは全米美術教育協会の『アート・エデュケーション』誌に掲載された「Is This Art?」[★14]を読み、市民の素朴な疑問からスタートして難解な現代アートを解説していく斬新な手法に魅了され関心をもっていた。ニューヨーク近代美術館で実施しているギャラリー・トークの評判も伝え聞いた。

しかしそれを学校の授業としてそのまま持ち込むことはできない。「なぜ、これがアートなの？」展が開催されたとき、筆者がアレナスに確かめたことがある。学校の授業では一人ひとりの思いや考えを大切にする。学級全体の対話の流れを見守りながらも、意見の言えない子や初歩的な発見しか言えない子へは特別な配慮をして学習を促すが、アレナスの考え方はどうなのかと。利発な子や雄弁な子だけが活躍する、遅れがちな子は置き去りにされる、作品解釈にしか目が向いていないギャラリー・トークなら願い下げにしたい。

アレナスの答えは明快だった。

「取るに足らない意見でも、その子が発言したということが大切です。その子がどんな思いをもっているのかに興味があります。そして、なぜそう考えたのかも」

教育者として信頼に足る答えだった。学校の授業は学習目標の達成を目指して行うものだが、枝葉の意見を刈り取り、一直線にゴールを目指すものではない。作品の解釈が深まればそ

[★14] Amelia Arenas, Is This Art?. *Art Education*, September, vol.43. no.5. National Art Educational Association, Virginia, 1990. pp.25-49。「なぜ、これがアートなの？」の展覧会名はこの論文名に由来する。

れでよしと思っていたら大間違いだ。授業は集団の学びの場であるとともに、一人ひとりがその子自身のいまを生きる場でもある。教育者とはこの両側面に目を向けられる存在である。その意味でアレナスは美術のエンターテイナーではなく、教育者であると感じた。拙著『まなざしの共有』で紹介した事例[★15]は、この質問のあとアレナスがレクチャーで語ったものである。

また、アレナスはVTC（ヴィジュアル・シンキング・カリギュラム）の伝道者のように思われがちだが、ニューヨーク近代美術館を辞してからの彼女のトークに参加したことがある人は一様に驚く。「VTCって、解説しないはずじゃなかったの？」と。

アレナスは対話の流れと観衆の質に即して臨機応変に作品に関する情報を提供する。作品を見て自由に語り合うだけなら娯楽であって授業ではない。もちろん娯楽的な鑑賞であっても、作品を見て、考えて話し合う過程を通して観察力やコミュニケーション能力、批判的思考力などが育つだろう。しかし、学校の授業では鑑賞と表現を結びつけたり、作家や作品の情報を活用したりすることも必要になる。美術の教科固有の内容やカリキュラムの視点がない活動は教科の学習としてではなく、特別活動や「総合的な学習の時間」[★16]の活動ととらえる方が妥当だろう。

対話による美術鑑賞をインフォーマルな「楽しい鑑賞体験」としてではなく、美術の教科における正統的な「楽しい鑑賞授業」として位置づけようとするうえで、アレナスは得難い存在だと思われた。

また逆にアレナスが私たちを信頼したのにも理由がある。筆者は『まなざしの共有』の中

[★15] 前掲書★12、四二頁

[★16] 教科の学習としてではなく、探究的な学習を通して生徒自らが課題を見つけ、自ら学び、自ら考え、主体的に判断して問題を解決する資質や能力を育成することを目的とする時間である。各学校で創意工夫して行うものとされ、小学校から高等学校まで必修である。

で、アレナスのトークの考え方と方法について解説しているが、これはアレナスから直接聞いたものではない。彼女のトークビデオを書き起こして分析し、その結果から教育方法学で用いる「言い換え」や「要約」などの授業手法があることを見抜いた結果である。それはアレナス自身がＶＴＣで培い、身につけてきたトークの技法であるParaphraseやSummarizeなどと同質のものであった。彼女のトークからじかにそれを見抜いたことにアレナスは驚き、信頼を寄せるようになったのである。

なお筆者は二〇〇〇年にアレナスの考え方やＶＴＳ（ヴィジュアル・シンキング・ストラテジー）に関する論文を発表している。これはＶＴＣやＶＴＳに関する日本における最初の学術論文である［★17］。

この年の末には、文部省から「博物館の望ましいあり方」の調査研究を委嘱された日本博物館協会が、『「対話と連携」の博物館』という報告書を出した。この報告書は、「市民とともに新しい価値を創造する」［★18］ことが新時代の博物館のミッションであるとし、博物館の教育力を高めることが喫緊の課題であると報告する一方、キュレーターとエデュケーターの職能分離を時期尚早として却下したことでも歴史に残るだろう。

［★17］上野行一「アメリア・アレナスの鑑賞教育」『美術教育学研究』第三二号、大学美術教育学会、二〇〇〇年

［★18］文部省委嘱事業「博物館の望ましいあり方」調査委員会報告書『「対話と連携」の博物館：理解への対話・行動への連携：市民とともに創る新時代博物館』日本博物館協会、二〇〇一年、五八頁

2 学校での急速な広がり

鑑賞を重視する学習指導要領の登場

ゆとり教育から方針を修正した文部科学省は、一九九八（平成一〇）年に学習指導要領を改訂する。今回の学習指導要領は、改善の要点に鑑賞の指導の充実を据えた。小学校ではこれまで表現と関連付けていた鑑賞を、すべての学年で独立して指導できるようにするなど、鑑賞を重視する学習指導要領になっている。しかも、感じたことや思ったことを話し合うなどしながら見ること（小学校）、作品に対する自分の価値意識をもって批評し合うこと（中学校）が明記された。この指導内容を具体化すると対話による美術鑑賞の授業になることが容易にイメージできる。

さらに特徴的なのは、地域の美術館などを利用すること（小学校）、美術館・博物館などの施設や文化財などを積極的に活用するようにすること（中学校）が配慮事項として示されたことである。全国に公立美術館が開設されたことも背景にあるのだろう。この事項が学校と美術館との連携を推進するきっかけとなる。学校と美術館が連携して対話による美術鑑賞の授業を行う姿が全国各地で見られるようになったのだ。

しかし、その授業内容を見ると手放しで喜べない実態がある。対話による美術鑑賞の授業ではなく、「楽しい鑑賞体験」に終始する安易な実態があるのだ。そのことについては第二部で詳しく述べよう。

横浜の夜──2000年

「レオナルドの《モナ・リザ》が、今夜、私の《モナ・リザ》になりました!」

映画プロデューサーのS氏がワインの入ったコップを手に、興奮した口調で私に話しかけてきた。心もち顔を上気させ、少年のように佇む彼の周りには、同じような思いであろう観衆の姿が見て取れ、ホールは笑顔と歓声と熱気に包まれていた。

翌年に開催される第一回横浜トリエンナーレに向けて、市民へのアートについての理解を促進するための現代アート講座が、二〇〇〇(平成一二)年七月一五日に開催された。筆者は現代アート講座の講師として、NHKの番組制作のために来日中のアレナスとともに招かれていた。冒頭のシーンは、その会場となった横浜シンポジアでの一場面である。

この夜集った二〇〇人余りの観衆は、アレナスに導かれ、レオナルド・ダ・ヴィンチの《モナ・リザ》について語り合った。およそ一時間にわたって《モナ・リザ》に向けられた熱いまなざし。誰しも一枚の絵にこれほどの時間をかけて見た経験はなかったに違いない。

美術鑑賞といえば解説をひも解き、作品や作家についての豆知識を得ることと思っていた観衆は、その思いを覆された。作品をよく観察し、感じたことや考えたことを発言するよう求められたのだ。最初戸惑いを見せていた人々も、次々と出てくる思いも寄らない見方や解釈に驚き、勇気づけられ、話し合い、気がつけばあっという間に一時間が経っていた。

知っているつもりだった《モナ・リザ》が、かくも多様な解釈ができるとは。対話による美術鑑賞は、「見る」という行為のとらえ直しでもある。「レオナルドの《モナ・リザ》が私の《モナ・リザ》になった」という声は、見ることを自覚した興奮の声であったに違いない。

『まなざしの共有』の刊行——2001年

「なぜ、これがアートなの?」展の報告書をまとめる段階で、私たちは実績の記録よりも、対話による美術鑑賞の意義や教育的価値を全国の美術館と学校に伝え、実践の進展に寄与したいと考えた。過去を振り返るのではなく、未来をつくり出そうと考えたのである。

二〇〇一(平成一三)年三月、書籍『まなざしの共有』はこうした考えをもとに執筆され刊行された。前年行われたピカソの《ゲルニカ》の授業実践からは岩崎の授業記録が収録されている。この本は対話による美術鑑賞の日本で最初の書籍であり、永らくバイブル的な存在となった。

この年、筆者が所属していた高知大学と高知県立美術館、高知県教員が一体となり「高知の美術館と学校の連携を立ち上げる会」が発足した。当時、多くの地方がそうであったように、高知県下の学校と美術館が連携した教育活動は皆無であった[★19]。

実現に至るプロセスを「学校と美術館の連携型カリキュラム」としてまとめ、小杉龍司(高知大学教育学部附属小)・河本勝一郎(伊野町立枝川小)・河村章代(高知県立美術館)が高知大学で、筆者が日本カリキュラム学会や日本教育大学協会でそれぞれ発表を行った。拙書

[★19] 東京においても、一部の美術館と一部の学校による点と点をつなぐような試行的な活動があっただけである。

『まなざしの共有』(淡交社、2001年)

『私の中の自由な美術』（光村図書出版、二〇一一）で紹介されているシャガール作品のギャラリー・トークは、この年の河村による実践である。またこのメンバーは、高知県立美術館で開催された「アレクサンダー・カルダー」展において、対話による美術鑑賞の公開授業も行っている。

対話による美術鑑賞が次第に注目されるようになり、ほかの地方に招聘されることも多くなった。三重県では文化政策としての対話による美術鑑賞について筆者がセミナーを行い、三重県立美術館の白石館長はじめ美術館関係者が多く参加した。この企画は、三重県総務局長を務めたのち、大蔵省に戻り主計官を任されていた村尾信尚（現ニュース・キャスター）と淡交社の藤元との縁で実現したものだった。

新学習指導要領の実施と連動した急速な広がり——2002年

二〇〇二（平成一四）年は対話による美術鑑賞が全国的に認知され、広がるようになった画期として記憶されるだろう。授業実践のための研修会が各地で開かれるようになるのもこの頃からである。私たちの関わったものだけでも高知、愛媛、兵庫から東京、千葉、茨城、栃木へと広がりを見せている。それらの成果は翌年『ma.net』[★20]にまとめられた。各地の大学の教育学部や教員養成課程でも、対話による美術鑑賞が図画工作科指導法や美術科指導法の内容として導入されるようになった。

このような急速な広がりの背後には、鑑賞の指導の充実を要点として改善・公示された小・

[★20] 上野行一編『ma.net』スカイネット、二〇〇三年

中学校の学習指導要領が、全面実施を迎えたことも大きく作用している。学習指導要領には鑑賞の指導内容として「自分の感じたことや想像したことなどを話し合えるように」[★21]と明確に解説されているからである。この学習指導要領の作成に協力者として参加していた奥村は、三年後、文部科学省の教科調査官として次期学習指導要領の作成にあたることになる。

美術館側でも、対話による美術鑑賞に基づく企画展やギャラリー・トークを実施する館が増え始めた。

丸亀市猪熊弦一郎現代美術館では「オシャベリ@美術館」と題する企画展が開かれた。「いつもは静かな美術館が、この展覧会の期間は少しだけザワザワしています」というのがこのときのキャッチ・コピー。これ以後、各地の美術館でこのコピーをアレンジしたギャラリー・トークや企画が行われている。

この年から対話による美術鑑賞の研究は日本学術振興会の研究課題（科学研究費補助金研究。以下、科研費研究）となり、現在まで継続して採択されている[★22]。

組織的な活動——2003年

学校や美術館で対話による美術鑑賞の実践が広がるにつれて、トークの方法や授業の仕方を学びたいという要請が高まってきた。

こうした声に応えるために、淡交社の藤元の提案によりアレナスと筆者、林が講師となって「美術鑑賞教育セミナー」[★23]を企画し二〇〇三（平成一五）年一一月に実施した。

[★21] 文部省編『小学校学習指導要領解説図画工作編』一九九九年、八三頁

[★22] 二〇〇二—〇四年度、科研費研究課題「公立文化施設における創造的な芸術教育プログラムに関する研究」課題番号14651060。代表／上野、分担／坪能由紀子（高知大学）

[★23] 二〇〇三年一一月二日(日)—四日(火)、現DIC川村記念美術館、参加者一〇〇名限定の研修会。

三日間のセミナーによって参加者は対話による美術鑑賞の理論と方法とその魅力を知る。参加者のひとりポーラ美術館学芸員の佐藤みちこはこう記している。

「わたしは一日目は寡黙で反応の鈍い生徒だったと思いますが、三日目には生徒としてもファシリテーターとしても多弁に変化していて、自分でも驚きました。みんなそうだったと思います」

実際に経験してみることで人は変わる。

「美術史を長年学んできて、最近になり教育普及も担うこととなった学芸員として、日々悩んでいたことから解放され、文字通り『目が覚め』生まれ変わったように思われます。このような感覚は、おとなになってから味わったことがないことで、びっくりしています」

一〇〇名に限定された参加者の内訳は、小・中学校教員が約三割、美術館関係者が約三割、学生が約三割、その他という構成で、高校や大学の美術教員はひとりも参加していない。この構成は、当時の美術鑑賞教育に対する関心や責任感、行動力の指標ともいえるだろう。

この年にはもうひとつ重要な組織的な活動が始まっている。くもん子ども研究所による「子ども美術鑑賞会」である。これはくもん子ども研究所が子どもの文化活動を推進する事業の一環として所長の中城正堯から筆者に依頼があり、二年間の準備期間を経て実現したものだ。

二〇〇一（平成一三）年に筆者が「学校と美術館の連携型カリキュラム」を日本カリキュラム学会で発表したとき、聴衆の中に中城の姿があった。学会での二人の出会いがきっかけとなり、「子ども美術鑑賞会」が誕生したのである。

「子ども美術鑑賞会」とは、美術館の企画展に合わせてくもん子ども研究所が地域の子どもを招待し、私たちの研究仲間や美術館の協力を得て対話による美術鑑賞会を行う事業だ。学校の授業でもなく、美術館の教育サービスでもない企業のメセナやフィランソロピーとして位置づけられる教育活動である。

「子ども美術鑑賞会」は五月に高知県立美術館、七月に香川歴史博物館でそれぞれ実施された。香川でファシリテーターを務めた濱垣明日香はこのときまだ学生だったが、卒業後新設の長崎県美術館に勤務し、開館時から対話による美術鑑賞のギャラリー・トークを担当する。

翌年まで開催された「子ども美術鑑賞会」だが、その経過と成果を、公文教育研究所の蜂須賀正博と山下亮がまとめ、この年の日本教育美術連盟で発表した。民間企業が美術教育の全国組織で発表するのは異例のことである。

教材作品集の準備――2004年

二〇〇四（平成一六）年頃には、高知県下の学校では対話による美術鑑賞が特別なものではなく、通常の授業としての広がりを見せていた。研究授業も県内各地の学校で行われるようになり、県の教育研究大会の公開授業としてもたびたび行われている。

「子ども美術鑑賞会」は九月にポーラ美術館、一一月に太田記念美術館でそれぞれ実施された。『私の中の自由な美術』で紹介したモネ作《バラ色のボート》のギャラリー・トークは、このときポーラ美術館で行われたものである。

対話による美術鑑賞が全国の学校に広がるにつれて、教材として用いる作品集を求める声が高まってきた。どんな作品でも教材となりうるが、扱いづらいものもあり、授業がうまく進められる作品を紹介してほしいという声である。

そこで、アレナスがスペインで作成した発達段階別作品集『ｍｉｒａ！』を参考にして、日本版を作成することを筆者が提案し、準備に取りかかった。メンバーにはアレナス、筆者、林に岡山県立美術館の廣畑浩、川村記念美術館の沼辺信一が加わる。編集の過程では、作品集の作成だけでなく、これを展覧会にしようという気運が高まっていた。

『mite!』の誕生――2005年

教材作品集は『ｍｉｔｅ！ティーチャーズキット』[★24]として完成した。小学校中学年、高学年、中学校の全三冊の構成である。アレナスらが執筆を担当し、筆者が監修を務めた。小学校低学年版を出すという考えもあったが、発達的に対話が十分に成立しない段階という理由から断念した。ちなみに参考にしたバルセロナ市の『ｍｉｒａ！』は、スペイン語で「見て！」を意味する。

対話による美術鑑賞をしたいが教科書にはそのための作品が載っていない。『ｍｉｔｅ！ティーチャーズキット』はそうした声に応じるものであったが、これが一時的な措置であることは承知の上である。本来は教科書が対応しなければならないことだからだ。学習指導要領に示された内容が教科書に十分に反映されていないので授業がしにくい、という状況があるとす

[★24] 上野行一監修、アメリア・アレナス・上野行一・林寿美・逢坂誠二・奥村高明『ｍｉｔｅ！ティーチャーズキット』全三巻、淡交社、二〇〇六年

れば、教科書を改革しなければいけない。そうした思いをもった筆者は、このあと教科書編集に携わることになる。

この時期、美術館の方に学校との連携という意識が育っていたかというと、はなはだ微妙である。行政主導ではあるが世田谷美術館のように、一九八〇年代から区立の全小学校を対象にした鑑賞教室を行っているなど、連携に積極的な館も多数ある一方、「現在の学校教育が陥っているさまざまな問題を繰り返さない」と学校教育を切断し、美術館はオルタナティブな方向を目指すという美術館組織の姿勢は根強かった［★25］。美術館教育の役割を連携という立場からではなく「学校とは原理的に異なる」［★26］ことを強調する立場から考える姿勢が、メディアで公言されていたからだ。

鑑賞教育のエポックの年——2006年

二〇〇六（平成一八）年は、全国的な鑑賞教育研究・研修の場が立ち上がったエポックの年として記憶されるだろう。美術鑑賞教育フォーラムも国立美術館が主催する鑑賞教育指導者研修も、「m・i・t・e！」展もすべてこの年からスタートしているからだ。

第一回美術鑑賞教育フォーラムは日本写真印刷株式会社社会議室（東京・竹橋）で開催された［★27］。フォーラムでは、対話による美術鑑賞の現状と課題についてのシンポジウムが行われ、アレナス、筆者、奥村、林に加えて東京国立近代美術館の一條彰子、石川昭彦がシンポジストとして参加した。石川は『まなざしの共有』でも紹介したように、「なぜ、これがアート

［★25］『教育普及ワーキンググループ 活動報告1：美術館の教育普及・実践理念とその現状』全国美術館協議会、一九九七年

［★26］「時代のキーワード四二：エデュケーター 美術館と観客を橋渡し」『高知新聞』二〇〇五年一月二七日の記事より引用。

［★27］この年から科研費研究の研究課題は「対話による意味生成的な美術鑑賞教育の開発」と改められた。課題番号18330194。代表／上野、分担／岩崎由紀夫（大阪教育大学）、岡崎昭夫（筑波大学）、奥村高明（国立教育政策研究所）、日野陽子（香川大学）、三澤一実（武蔵野美術大学）。二〇〇八年度まで。

なの？」展の頃から対話による美術鑑賞の授業を実践してきた生え抜きのメンバーである。参加者の内訳は、教員が約三割、美術館関係者が約四割、教育委員会関係者が約一割、その他という構成で、高校や大学の美術教員の顔もちらほら見える。二〇〇三（平成一五）年のセミナーから三年が経ち、ようやく高等教育の教員も動き始めたということである。美術鑑賞教育フォーラムはこのあと継続的に現在までに八回開催されている。

国立美術館がこの年から開始した「美術館を活用した鑑賞教育の充実のための指導者研修」は、小・中学校教員、美術館学芸員、指導主事が全国から一堂に会し、美術館を活用した鑑賞教育の充実のために研究討議を行うことを目的とするもので、これも現在まで毎年継続的に実施されている。

このとき文部科学省の教科調査官であった奥

国立美術館が主催した「平成25年度美術館を活用した鑑賞教育の充実のための指導者研修」でのグループワーク（東京国立近代美術館）

「平成25年度美術館を活用した鑑賞教育の充実のための指導者研修」でのワールド・カフェの様子（国立新美術館）

（画像提供＝国立美術館）

村は、「創造的行為としての鑑賞」と題する講演を行い、美術鑑賞は自ら意味を生成する主体的な活動であることを強調した。また研修は対話によるギャラリー・トークを参加者全員が見学するなど、対話による美術鑑賞の意義や実践について理解を広げるよい機会にもなった。

七月には『ｍｉｔｅ！ ティーチャーズキット』の作成中に企画された展覧会「ｍｉｔｅ！おかやま」が岡山県立美術館で開催された。「なぜ、これがアートなの？」展のときのように、事前にアレナスによる研修が行われ、さらに筆者、林、沼辺が加わって三度にわたり研修し、周到な準備がなされた。翌年には川村記念美術館での開催が決まり、「ｍｉｔｅ！」展は現在に至るまで四回、七館で開催されている。

「ｍｉｔｅ！」展が特徴的なことは、作品が巡回するのではなく、コンセプトが巡回する展覧会であることだ。作品を各地に巡回してお披露目するのが一般的な展覧会の手法だが、「ｍｉｔｅ！」展の場合は毎回展示作品が変わる。しかしいつも変わらないのは、観客が作品を見て、考えて、話し合うという観客中心の鑑賞コンセプトである。

全学年全学級で対話による美術鑑賞の授業――2007年

「みて、対話する美術鑑賞」をテーマとする第二回美術鑑賞教育フォーラムが、高知市立一ツ橋小学校で開催された。一ツ橋小学校は前年からこの年にかけて、全学年全学級で対話による美術鑑賞の授業を行っている。これは全国でも例のない実践である。本書ではその一端を第二部で紹介している。

フォーラムでは公開授業が行われた。授業者は同校教員の祖父江香野、松岡美智、矢野昌子に加え、ポーラ美術館学芸員の今井敬子の四名である。学校教員と美術館員がともに授業をしたり発表したりすることも当時は稀であったが、高知県では二〇〇一（平成一三）年から行っており、珍しいことではなかった。また筆者、廣畑、奥村がシンポジウムを行った。

八月には、韓国ソウル市で開かれた国際美術教育学会で筆者、日野陽子（香川大学）、岩崎由紀夫（大阪教育大学）が日本における対話による美術鑑賞の状況について発表した。また、「なぜ、これがアートなの？」展から一〇周年となるこの年、豊田市美術館では「観る人がいなければアートは成立しない」と題する講演（筆者、沼辺）とシンポジウムが行われた。

第2回目の「ｍｉｔｅ！」展となる「〝ｍｉｔｅ！見て！〟あなたと話して、アートに近づく」展が川村記念美術館で開催されている。

教員研修の全国各地での広がり――2008年

二〇〇八（平成二〇）年二月、「美術鑑賞の授業を考える」をテーマとする第三回美術鑑賞教育フォーラムが高知大学で開催され、席上「美術による学び研究会」の発足が宣言された。筆者、奥村、岩崎、日野による科研費研究「対話による意味生成的な美術鑑賞教育の開発」の二年目が終わろうとしていたときである。外部資金によるこの研究は三年間の期限付きだったが、研究メンバーはこの研究とフォーラムをいつまでも継続させていきたいと考えたからであった。

そのことと同時に、閉塞化している美術教育を刷新し、新しい枠組みを考えるために、子どもの学びから美術教育のあり方を模索することを、フォーラムで提案したのである。

同時にこの頃、対話による美術鑑賞を教員研修として実施する県や市が、愛媛、大阪、兵庫、岡山、三重など高知近県から北海道、秋田、長野、滋賀、福岡などへと全国に広がっている。とくに秋田県は、二〇〇六（平成一八）年の第一回鑑賞教育指導者研修（国立美術館主催）に参加した指導主事の鎌田悟が、そこで出会った対話による美術鑑賞に感銘を受け、翌年から県の教育重点課題として「対話型鑑賞の推進」を位置づけていた。六月に秋田市立千秋美術館で行われた教員研修会（講師は筆者）では校種を超えた七四名が参加した。

また、二〇〇八（平成二〇）年には授業記録ＤＶＤ『モナリザは怒っている!?』[★28]や『対話による鑑賞教育：図工・美術教師のための実践ガイドブック』[★29]など、実践の手引となる資料が刊行された。『対話による鑑賞教育』で紹介している実践事例は、二〇〇七（平成一九）年の第二回美術鑑賞教育フォーラムで公開授業として祖父江が行ったものである。

また三度目の「ｍｉｔｅ！」展となる「美術館でおしゃべりしよっ！―ｍｉｔｅ！ながの―」展が長野県信濃美術館を皮切りに県内四館で開催されたのもこの年である。

学習指導要領はこの年に改訂された。改訂の指針となった中央教育審議会の答申（以下、答申）においては、小学校、中学校および高等学校を通じる図画工作科、美術科、芸術科（美術、工芸）の改善の基本方針[★30]について、次頁の図5のように示されている。

答申は「その課題を踏まえ」て、創造することの楽しさ、造形的な創造活動の基礎的な能力、

［★28］上野行一・奥村高明『モナリザは怒っている!?』ＤＶＤ六〇分付、淡交社、二〇〇八年

［★29］上野行一『対話による鑑賞教育：図工・美術教師のための実践ガイドブック』光村図書出版、二〇〇八年

［★30］序章前掲書★2、四頁

生活の中の造形や美術文化への関心、生涯にわたる主体的に関わる態度を育むことを重視する旨、改善の基本方針を示している。

では改善の基本方針の前提とされる「その課題」とは何を指すのだろうか。ここでいう「その課題」とは次頁の図6で示す五つである。

この答申は、知識基盤社会とされる二一世紀を生きる子どもたちの教育の充実を図るため、教育課程の基準全体の見直しについて検討するよう要請されたものであるが、「その課題」とする五つの項目の各所に対話による美術鑑賞に関わる文言（太字部分）があることに注意したい。

答申を受けて学習指導要領で鑑賞は次のように示された。

［小学校］　鑑賞においては、……（略）……自分の思いを語る、友達と共に考える、感じたことを確かめるなどを通し

■図5｜改善の基本方針

(i)改善の基本方針
図画工作科、美術科、芸術科（美術、工芸）については、**その課題**を踏まえ、創造することの楽しさを感じるとともに、**思考・判断**し、表現するなどの造形的な創造活動の基礎的な能力を育てること、**生活**の中の造形や美術の働き、美術**文化**に関心をもって、**生涯**にわたり自主的にかかわっていく態度をはぐくむことなどを重視する。

（平成19年（2008.1.17）中央教育審議会答申より）

■図6｜改善の基本方針の課題

図画工作、美術、芸術（美術・工芸）の課題
①感性を働かせて**思考・判断**し、創意工夫をしながら表現したり**作品を鑑賞したりする**という一連のプロセスを働かせる力を育成すること
②子どもたちの**興味や関心の高まりを資質や能力の向上に生かす**ような指導の改善を図ること
③**生涯にわたって美術に親しみ、生活や社会に生かしたり、豊かにしたりする**態度の育成
④**感じ取ったことをもとに、自分の思いや考えを大切にしながら、自分なりの意味を発見するなどの鑑賞の学習の充実**
⑤**我が国の文化**等にかかわる学習を通して、その継承や創造への関心を高めるとともに、**諸外国の文化**のよさを理解すること

（平成19年（2008.1.17）中央教育審議会答申より）

て、自分自身で意味を読み取り、よさや美しさなどを判断する活動の充実を図る。
［中学校］（鑑賞は）知識を詰め込むものではなく思いをめぐらせながら対象との関係で自分の中に新しい価値をつくりだす創造活動である。第2学年及び第3学年の「作品などに対する自分の価値意識をもって批評し合う」活動に加え、第1学年においても「作品などに対する思いや考えを説明し合う」活動を位置付けた［★31］。

［★31］小学校は序章前掲書★2、四頁。中学校は序章前掲書★4、二二・二四頁。以下、注★32—36も同様。

学習指導要領には、鑑賞に関して「（鑑賞とは）対象との関係で自分の中に新しい価値をつくりだす創造活動」と明記されている。これは三八頁で紹介した岡崎義恵の「鑑賞はそれ自体が芸術活動」という部分に呼応するものであり、鑑賞が意味生成活動であることを示している。「知識は詰め込むものではなく、……自分の中に新しい価値をつくりだす創造活動」［★32］、「鑑賞が……能動的な活動」［★33］という構成主義的な学習観、「自分自身で意味を読み取る」［★34］、「自分の価値意識」［★35］という鑑賞に対するテクスト論や読者論の立場、「批評し合う」「思いや考えを説明し合う」［★36］という対話による美術鑑賞活動の提示など、二〇〇八（平成二〇）年改訂の学習指導要領が、対話による美術鑑賞を支持し、その推進力となっていたことは明らかである。

文部科学省講堂で美術鑑賞教育フォーラムを開催——2009年

二月、アレナスを迎え、第四回美術鑑賞教育フォーラムが筆者らの科研費研究報告会として、文部科学省講堂で開催された。のべ六〇〇人を超える参加者を迎え、対話による美術鑑賞はひときわ大きな注目を浴びることとなった。

山崎正明（千歳市立北斗中学校）、一條、奥村、筆者に加え鳥越亜矢（山陽学園短期大学）、津室和彦（山口市立大内南小学校）、西尾隆一（熊本市立桜山中学校）、鈴木斉（羽村市立羽村第三中学校）、赤木里香子（岡山大学）、岩崎由紀夫（大阪教育大学）ほか多彩なメンバーが発表を行った。

前年発足した美術による学び研究会の第一回大会が七月に北海道旭川市・美唄市で、第二回大会が山梨県造形教育連合と山梨県造形教育研究会との共催で一一月に山梨県甲府市でそれぞれ開催された。

第一回大会では、「あなたのトークはなぜぎこちないのか」と題する実践論がギャラリー・トーク中級者に向けて語られ、第二回大会では「これからの鑑賞教育のあり方を探る」と題されたシンポジウムが行われるなど、『まなざしの共有』や『m・i・t・e！ ティーチャーズキット』を読み、美術鑑賞教育フォーラムや国立美術館の鑑賞教育指導者研修などで学んできた全国の学校教員や美術館関係者が共通の課題意識で集い、語り合う機会がこうして誕生した。

地域カリキュラムの作成に向けて——2010年

『対話による鑑賞教育：中学校美術教師のための実践ガイドブック Vol. 2』[★37]が二〇一〇（平成二二）年に刊行された。Vol. 1では小学校の実践事例を紹介したが、Vol. 2では中学校

[★37] 上野行一『対話による鑑賞教育：中学校美術教師のためのガイドブックVol.2』光村図書出版、二〇一〇年（左の写真は二〇一一年版）

の実践事例を紹介している。

六月には、第三回美術による学び研究会が東京都府中市で行われた。このとき第五回美術鑑賞教育フォーラムが併催されている。メンバーによる報告提案に加えて、府中市美術館「スクールアート10プロジェクト」の協力を得た公開授業が行われた。美術館に小・中学生が来館して対話による美術鑑賞の授業を受ける試みが話題を呼んだ。全国に先駆けて県の教育課題として対話による美術鑑賞を位置づけ、研修と実践を展開していた秋田県から鎌田悟が報告を行ったことも特筆すべきことである。なお、授業者や報告者の詳細については美術による学び研究会のホームページ[★38]に掲載している。

対話による美術鑑賞の研究チームはこの年、筆者が「美術鑑賞教育地域カリキュラムの試案」、奥村が「テート美術館の普及活動〜日本の鑑賞教育との比較〜」、一條が「ルーブル美術館における教育普及体制とクラス・ルーブル」について、それぞれ学会発表を行っている[★39]。

紅葉の赤とトウガラシの赤——2011年

二月、第四回美術による学び研究会が秋田市で開催された。第六回美術鑑賞教育フォーラムが併催されている。今回は「絵画を読み解く—図工と国語からのアプローチ」をテーマとして、美術科と国語科における鑑賞のあり方について話し合われた。

国語科にも絵画や写真が教材として取り上げられ、読み取ったことを話し合ったり鑑賞文にまとめたりする教科内容がある。美術科における鑑賞活動との共通点と相違点は何かを明らか

[★38] 美術による学び研究会ホームページ、http://artmanabi.mair.jp

[★39] 対話による美術鑑賞の科研費研究は、二〇〇九年度より課題名「対話による意味生成的な美術鑑賞教育の地域カリキュラム開発」と改められ、二〇一一年度まで継続。課題番号21330204。代表/上野、分担/一條、奥村、三澤。

にし、両教科の学習を通して子どもたちの学びを豊かにしたい、という思いからのテーマ設定であった。実践報告は、美術からは『モナリザは怒っている!?』で授業動画を紹介した森實祐里（北海道札幌市立星置東小）が、国語科からは京野真樹（秋田県潟上市立大久保小）がそれぞれ行った。

実践報告を受けて、筆者と国語教育研究者の阿部昇（秋田大学）が対談を行った。美術の鑑賞について、美術と国語の小学校教員が実践を報告し、大学教員が研究を交流するのはおそらく日本で初めての試みに違いない。

六月には、北九州市立美術館における対話による美術鑑賞授業プロジェクトが実施された。小・中学校三一学級が北九州市立美術館で授業を実施し、筆者、奥村、一條、岡田京子（国立教育政策研究所教育課程調査官）が分担して観察や助言を行った。

島根県と大分県で教員対象の美術鑑賞教育研修会が行われ、現在に至っている。

九月には研究チームは韓国ソウル市を訪れ、ハヌル小学校で対話による美術鑑賞の授業を実施した。韓国の作品を用いて通訳を介して筆者と一條が行ったが、子どもたちの反応は日本のそれと変わらない。臆することなく自分の感じたこと、考えたことをときに真剣にときにユーモアを交えて語るさまは微笑ましく感じられた。

半面、文化の違いによる感じ方の違いに気づかされた。たとえば濃い赤で塗られた背景を見て、秋を感じるとの発言があった。てっきり紅葉を連想したのかと思ったが、早計だった。韓国では秋に唐辛子が収穫を迎え、乾燥のために地面に広げる光景が街のあちこちに見られる。

ハヌル小学校での授業風景

その様子を連想した、ということだった。

ものの見方の背後には見る人の知識や経験があり、それは文化に裏付けられていることを私たちは知っているが、異文化の場合はそれが際立つことを改めて感じた次第である。

同年八月には、第五回美術による学び研究会が滋賀県大津市で開催された。『私の中の自由な美術』もこの年に出版されている。

NHK教育テレビに高校講座「美術」という番組がある。二〇一一年四月からの内容の改変を迎え番組監修にあたった筆者は、鑑賞の内容に対話による美術鑑賞を取り入れた。

場所の記憶と作品の見え方――2012年

一月、第七回美術鑑賞教育フォーラムが筆者らの科研費研究報告会として、文部科学省講堂で開催された。東京都府中市プランが大杉健（府中市立若松小学校）、武居利史（府中市美術館）によって発表され、福岡県北九州市プランが太田祐司（北九州市立尾倉中学校）、都留守（北九州市立青山小学校）によって発表された。これらは「対話による意味生成的な美術鑑賞教育のカリキュラム開発」の研究成果である。また全国でのさまざまな取り組みについて山崎、林のほか黒木健（秋田県立仁賀保高等学校）、宮島さおり（NPO法人アートリンク）、真住貴子（文化庁）、上田和子（NHKエデュケーショナル）から報告された。

二月、四回目となる「mite!」展が島根県立石見美術館で開催された［★40］。「mite!しまね」と題された企画展のためにアレナスを招聘し準備したものである。筆者が子ども

右―『私の中の自由な美術』（光村図書出版）
左―第7回美術鑑賞教フォーラムのフライヤー

［★40］会期は二〇一二年二月一一日（土・祝）―三月二六日（月）。

向けのワークシート、奥村がアートカードを作成し、角美幸（出雲市立旭丘中学校）と三名で鼎談を実施した。

一一月には、第六回美術による学び研究会が沖縄県名護市で開催された。地元作家、川平惠造の作品をキャンプシュワブのフェンス際で鑑賞し、次にビーチウェディングも行われる穏やかなビーチへ移動して再び鑑賞する、という趣向のギャラリー・トークを行った。

基地も紺碧のビーチもどちらも沖縄の姿。しかしあまりにも対照的な場所だ。美術作品はそれを見る人の文化的背景によって見え方が違うが、作品が置かれた場所のもつ文化や歴史によっても見え方が変わる。日の丸と星条旗を描いただけのシンプルな絵の見え方が、見る場所によってこうも変わるものなのか。一條の優れたファシリテーションも相まって、参加者はそれを実感することができた一日だった。

「美術による学び研究会」沖縄大会で行われた鑑賞会の風景。川平惠造の《NOW》（1986年）を鑑賞する研究会のメンバー。こちらはキャンプシュワブのそば

上記大会のもよう。こちらは名護のビーチで行われた鑑賞会風景

（画像提供=NPO法人 アートリンク）

新たな研究に向けて――2013年

美術による学び研究会の第七回大会が二月に栃木県宇都宮市で行われ、第八回大会が一一月に大分県別府市で開催された。大分別府大会では第八回美術鑑賞教育フォーラムが併催されている。フォーラムでは高校公民科教員である大澤隆（東京都立三田高等学校）が、公民科倫理の授業として行った対話による美術鑑賞の発表を行っている。

公民科で美術鑑賞？　と思われるかもしれない。実は、高校公民科倫理の学習指導要領解説には「人生における芸術の意義」について次のような解説がある。

「……絵画や造形芸術、音楽、文学などの諸分野の中から……（略）……作品などを取り上げ……（略）……それが人生を豊かにするものであることなどを生徒自身の心に問いかける形で指導し、美や芸術が人間の心にもたらす豊かさや潤いが人生においてどれほど重要であるかについて考えさせる。……（略）……人生における芸術の意義について、自らの生き方とかかわらせて考えさせる」[★41]

大澤は『私の中の自由な美術』を読んで感銘を受け、「この方法なら生徒が（文学的な背景説明を介さずとも）作品と直接対話し、人生における芸術の意義を考えられるのではないか」と考えた。予想を超える生徒の反応に驚き、感激した大澤は記録を紀要論文にまとめ筆者に送る。それが今回の発表の始まりだった。

この年から、科研費による研究課題は「学校と美術館の連携による美術鑑賞教育モデルの開発」[★42]と改められ、新たな三年間の研究が始まった。

[★41] 文部科学省『高等学校学習指導要領解説 公民編』二〇〇九年、三〇頁

[★42] 課題番号25285253。代表／上野

まとめ

対話による美術鑑賞には以上述べてきたような長い歴史がある。

「対話による美術鑑賞はアメリア・アレナスによって伝えられた」「VTC（ヴィジュアル・シンキング・カリキュラム）が対話による美術鑑賞の始まりだ」などという言説が、誤りであることがお分かりいただけたかと思う。

しかしなぜこのような誤解が巷間に流布しているのだろうか。

それは対話による美術鑑賞を美術館の側からでしかとらえていないからである。これらの誤解は美術館教育からの視点であって、学校教育からの視点ではない。

そもそも一九九五（平成七）年のアレナスとヤノワインによる研修会は、「ニューヨーク近代美術館の事例を通して、美術館における鑑賞教育の役割と意義を考える特別研修会」と定義づけられていたように[★43]、あくまでも美術館における鑑賞教育についての研修会であったことを正確に理解する必要がある。

美術館教育という枠組みからとらえれば、まさに一九九五年の研修会は重要なエポックであったし、アレナスの精力的な活動もあって日本に対話による美術鑑賞が広がったことも確かである。その理念基盤にVTC（VTSではない）があったことも間違いではない。

しかし、学校教育という枠組みからすれば、授業実践としての対話による美術鑑賞は遥かに長い歴史をもち、その理念基盤は一世紀近く前から構築されてきたのである。

テクスト論などの鑑賞理念の受容、構成主義の学習理論の受容、そして対話による授業の水

[★43]「地域創造レター」七月号No.003、財団法人地域創造、一九九五年

脈があったところに鑑賞を重視する学習指導要領の改訂が行われたこと、「生きる力」など主体的に思考判断する教育理念が登場したこと、一九九五年以降のアレナスと筆者らの研究共同体の活動などが契機となり、教育史に沈潜していた対話による意味生成的な美術鑑賞が顕在化し活性化した、ととらえるのが妥当なところであろう。

一九七三（昭和四八）年の実践資料の存在が明確に示すように、対話による意味生成的な美術鑑賞は、「生きる力」や学習指導要領の改訂を契機に生み出された方法でもなく、ましてやＶＴＣやＶＴＳに基づいているなどということはありえないのである。

3章　対話による美術鑑賞の多様性から学ぶ

1　鑑賞を通して育てる資質や能力

日本の美術館に大きな影響を与えた米国の「美術館における鑑賞教育」は、今日大きな変化を遂げている。教育施設としての意識が高い米国の美術館では、学校教育と深く結びついたアクティビティが盛りだくさんだ。鑑賞プログラムは対話と意味生成に基本を置きながら、参加者が体験的に楽しく学ぶ方法が工夫されているだけでなく、最新の芸術観や学習観に基づいて作成されており、鑑賞を通して何を学ぶのかが明確に示されている。

ニューヨーク市のグッゲンハイム美術館で私たち[★1]が体験した教育プログラムを紹介しよう。なお、本章、次章で紹介する米国の事例は、調査結果をもとにまとめた筆者のメールマガジンの記事に基いている[★2]。

フランク・ロイド・ライトの設計によるカタツムリの殻のような建築の鑑賞から始まり、ピ

[★1] 本書で紹介している米国の美術館調査は、二〇一二―一四年度の科研費研究「美術館の所蔵作品を活用した鑑賞教育プログラムの開発」（基盤研究（B）、課題番号24300315、代表／一條、分担／上野、岡田京子（国立教育政策研究所）、奥村、寺島洋子（国立西洋美術館）、藤吉祐子（国立国際美術館））の一環として実施された。二〇一三年二月二五日から三月六日にかけて、大高幸（慶応義塾大学）のコーディネーションにより、一條、上野、奥村、寺島の五名で調査を行った。関連して、一條彰子「米国の美術館教育リポート―学校教育へのアプローチ」『現代の眼』六〇二号（二〇一三年一〇―一一月号）、東京国立近代美術館、一〇―一一頁がある。

サロ、カンディンスキー、ザリーナ、そして田中敦子［★3］へと続く〝Making the Everyday Extraordinary〟（毎日を特別に）とテーマ設定された五作品のプログラムを、教育部ディレクターのシャロン・ヴァッキーに実施していただいた。

ピサロの《エルミタージュの丘、ポントワーズ》（図7）の前で、私たちは絵を囲んで座り、まずじっくりと絵を見るように促される。しばらくしてシャロンが「何に気がつきましたか」と問い、私たちはそれぞれ感じ取ったことを生徒のように発言し、シャロンがそれに応えていった。二六―三三頁で紹介した山崎の授業と同じような進行で、ギャラリー・トークが行われた。

彼女のトークで特徴的だったことは、私たちの発言に対して、専門的な知識を巧みに織り込んだ応答のうまさだった。

たとえば、この絵を見て「平和な田舎の村。穏やかな午後の風景に見えます」という発言があったとき、彼女はこう言った。

「ピサロはこの村に住んでいたのです。この絵は一八六七年頃に描かれました。ちょうど産業革命が進んだ頃で、その波はパリ郊外のポントワーズにも押し寄せ、村の人々も都会に働きに出るようになりました。近代化していく都会の風景。それとは違う見慣れた村の風景。当時、これだけ大きなキャンバスに田園風景を描いた絵はなかったのです。ピサロは田舎の風景の素晴らしさに魅了された画家でした」

何と見事な応答だろうか。

対話による美術鑑賞では知識を教えないと思っている方は意外に思うかもしれないが、トー

［★2］調査結果に基づき、筆者が「美術による学び研究会」のメールマガジンにまとめ、二〇一三年四月二〇日以降、同研究会メンバーに配信した内容。

［★3］このときはちょうど「GUTAI」展を開催中であった。田中敦子の作品が入っているのはそのためで、常設作品に企画展作品を付け加えてプログラムを組み立てていることが読み取れる。

■図7
カミーユ・ピサロ《エルミタージュの丘、ポントワーズ》1867年頃
グッゲンハイム美術館

クのねらいや相手によっては、このように知識を提供する。

ねらいや相手によってどのような違いがあるのだろう。

同じ絵で小学二〜三年生向けのプログラムも実施していただいた。シャロンは縦長の紙をひとりに一枚ずつ配る。これからいくつかの問いが出されるので、答えを考えて紙に書いていくことを指示された。

「見えたものは何ですか」と第一問。私たちは書いた答えを折って隠し、隣の人に回す。第二問は「聞こえたものは何ですか」。同じように答えの部分を折って隠し、隣の人に回す。こうして第三問「匂うもの」、第四問「感じられるもの」、第五問「味わうもの」と五感で得た情報を書いては隠し、回していった。最後には五人の書いた答えが一枚の紙に集まっている。手元に来た一枚を広げて「順番を考えてつなぎ、文章にしましょう」とシャロンは告げた。

「この方法だと、いつも手を挙げて話したい子も、知らん顔している子も、学習の構造にみんなが参加せざるを得なくなる」と、彼女は胸を張る。

ちなみに私の元に集まったのは、

①「えんとつのけむり」②「こんにちは」③「若草の香り」

④「そよ風」⑤「シチューの味」

これをひとつの文章にするわけだが、さあどんな文章になるだろうか[★4]。

このプログラムでは思ったことや感じたことは文字で紙に書かれるので、対話は行われていない。しかし、寄せ集めた文字情報をもとに子どもはそれぞれに意味生成を行っている。発話による意見交換はしていないが、他者の意見をもとに自分でひとつの意味を生成している。まるで電子メールを使って、音声ではなく文字による情報交換を行うかのように。電子メールだけでなく往復書簡や交換ノートで行われるやり取りを対話と呼ぶように、この方法もまた対話であり、このプログラムも対話による鑑賞ということができる。

このプログラムは、実は美術ではなく、英語／国語の授業の一環としての鑑賞プログラムである。

グッゲンハイム美術館のホームページにある「アート・カリキュラム」[★5]を見ると、教科ごとのプログラムが紹介されている。「English / Language Arts」から「Math / Science」「Social Studies」「Technology」「Visual Arts」と並んでいる。主要四教科に加えて技術と美術に対応する学習プログラムが構築されているのである。学校の先生はホームページを閲覧して、教科の学習課題に見合うプログラムを探し、適切であれば美術館に依頼するというシステムである。

先ほどのアートゲームは英語／国語のプログラム（しかも小学二～三年生向け）だったから、当然のことながら、美術の知識の提供はない。作品そのものの理解よりも、鑑賞を通して言語能力を高めることに主眼が置かれているのだから。

米国では英語を話せない人が語彙を増やすためにも使われているという。そういう意味で

[★4] 島根県の教員研修で同じ方法を用いたとき、ある教員は次のような文章を書いた。「青い空にはぽっかりと白い雲が浮かんでいる。穏やかに風が吹いて、野菜を煮こんだ甘いスープの香りが白い壁の家から漂ってくる。耳を澄ませばそよそよと風の音が聞こえる。わたしは草むらに寝ころびながら、お休みの日のゆったりとした気分を味わっている。そばでは、小さな子どもが座り『きょうも楽しかったね』とおしゃべりをしている。そんなのんびりした午後のひととき。」

[★5] グッゲンハイム美術館ホームページ内、http://www.guggenheim.org/new-york/education/school-educator-programs/teacher-resources/arts-curriculum-online?view=categories を参照。

は、おとなにも使えるプログラムだということができる。

2―アートの知識以前に大切なこと

この背後には美術鑑賞に関する根源的な理解と、米国の今日的な教育政策がある。根源的な理解とは、美術鑑賞＝美術作品を理解することだという断片的で美術原理主義的な鑑賞理論は過去のものだ、という理解である。ニューヨーク近代美術館で私たちが体験したギャラリー・トークが、そのことを示唆してくれる。

エデュケーターのジェシカ・バルデンホファーに指定された来館時刻は午前九時三〇分。これは特別なことではなく、「アーリーバード」というプログラムが常備されていることをあとで知った。開館前の人気のない美術館で、一階のエントランスロビーに設置されたロダンの《バルザック像》（原型一八九八年制作）から始まるトークは、「キャラクター」というレッスン・テーマ［★6］によるものだった。キャラクターつまり性格は何だろう、という問いを頭の隅に置きながら複数の作品を見ていくのである。

《バルザック像》を見て、まず気がついたことや考えたことを自由に話し合う。「年配の人がローブを着て立っている」と誰かが発言すれば、ジェシカからすかさず「どこを見て年配の人だと思いましたか」と問われ、「顔に皺があるから」とその根拠を答えるという具合に、対話

［★6］美術作品を鑑賞する切り口となるもので、性格やアイデンティティ、社会と政治のように美術作品の直接的な理解だけを目的とせず、美術を通しての学習テーマとなっている。レッスンは、観察と対話、解釈の学習機会を重視したもので、多様な教科学習との関連性を重視している。School & Teacher Programs（MoMA Department of Education）より。

による美術鑑賞のお手本のような進行でギャラリー・トークは進められた。

後半になってジェシカが「ロダンが伝えようとしたのはこの人物のエッセンスです。では彼のエッセンスを一言で言ってください？」と質問する。それまで対話してきた内容、たとえば「空を見上げている」「顔の表情が厳しい」「偉そうなポーズ」という意見を踏まえて、私たちは「頑強」「不屈」「大志」という具合に答えた。

次にフロアを上がりウォーホルの《ゴールド・マリリン・モンロー》（一九六二年制作）を見る。金色の地にマリリンの顔がひとつだけ描かれている作品だ。ウォーホルのマリリン・モンロー作品には、画面全面に顔を大きく描いたものや、色を違えた何枚かの組み合わせもあるが、これはただひとつの顔を画面の中に小さく描いたものである。「ウォーホルはどのような方法で描いていますか？」と問われ、「色がチープ」とか「塗り絵のよう」などの答えが出される中、「画面の地が壁か扉のように見えるので、そこに窓のようなものがあり、この人は向こう側からこちらを覗いているように見える」と、私はこのようなことを述べた。

そのあとジェシカが「いったい、この人物はどんな性格の人だとアーティストは伝えていますか？」とロダンのときと同じ質問をする。

「ひとりで壁の向こうにいて、この人は寂しい人ではないか」

私はこのように答え、最後にジェシカ女史は次のようにまとめた。

「この女性がアイコンであることがにじみ出ている作品です。悲しみ、孤独がつきまとっている。この女性は向こうへ消えていくような感じがしますね」

私たちが最後に見た作品は、バーネット・ニューマンの《ヴィル・エロイクス・サブリミス》（一九五〇―五一年制作）。ほとんど赤一色で塗られた巨大な画面である［★7］。

そして、「この絵が人なら、どんな性格の人だと思いますか？」と質問された。どんな人と問われても、ただ赤く塗られた画面がそこにあるだけ。これには当惑し、みな苦笑してしまう。しかしジェシカは真剣そのもの。微笑みながら私たちの答えを待っている。どうやらここが山場のようだ。

「赤だからやはり情熱家？」「赤い壁のようなものが立ちふさがっていて、ここから入ってはいけないと言われているように感じます。そういう性格の人？」

質問について考え、答えながら、日常あまり意識しないことだが、周りの人の性格というのは絶対的なものではなく、実は自分が判断してつくり上げているものだということに気づかされていく。

「私たちはいったいどのようにしてその人の性格を理解しているのか？」ということを学ぶのがこのレッスンのねらいであった。これは一般的な美術鑑賞の範疇を超えている。

「なぜこの作品を最後にもってきたか分かりますか？」

ジェシカはいたずらっぽく笑い、その理由を説明した。

「私たちが重きを置いているのは、作品の相互作用です。バルザックの作品の鑑賞がウォーホルの鑑賞に、それがまたニューマンの鑑賞に影響を及ぼし相乗効果をもたらす。私たちが作品をどう見るか。ニューマンの赤に何を見るかは自分に返ってくるのです。この作品は情報を

［★7］《ヴィル・エロイクス・サブリミス》（*Vir Heroicus Sublimis*）は、縦二メートル、横五メートルを超える巨大な作品である。

与えない。見る人が情報を作品に導入する。見る人の性格が入るのです」

ジェシカは最後にこう締めくくった。

「私たちが願っているのは、アートについて、アーティストについて学ぶ以前に、作品を私たちの周りの世界とどのように関連付けて扱うかです」

3｜インタープリテーションとコネクション

ニューヨーク近代美術館のギャラリー・トークの基本的な四段階は次の通りだ［★8］。

第一段階：詳細に見ること（Observation）
第二段階：見たことをもとにして話し合う（Description）
第三段階：話し合い、作品の解釈をつくり上げる（Interpretation）
第四段階：美術を自分の周りの世界と関連付け、新しい洞察を得る（Connection）

第一段階は視覚を中心にした観察であり、第二段階はグループでの対話。この二つの段階を通して第三段階のインタープリテーションが行われる。インタープリテーションについては一二〇頁で詳しく述べるように、意味生成のことである。グッゲンハイム美術館と同じように、対話による意味生成的な美術鑑賞の基本形がここに見られる。

［★8］調査で教示を得た資料に基づいて筆者が構成した。ニューヨーク近代美術館ホームページ、http://www.moma.org/momaorg/shared/pdfs/docs/meetme/Guides_Foundations.pdf 参照。*Foundations for Engagement with Art*, The Museum of Modern Art, New York, 2009, pp.118-120

そして第四段階のコネクション、これが特徴的な段階で、ジェシカの言葉を借りれば「作品を私たちの周りの世界とどのように関連付け」るかという段階なのだ。

紹介した事例では、自分がふだん何を手がかりにして人を判断しているのか、という日常的行為を作品の鑑賞を通して省察することがコネクションとして準備されていた。コネクションの対象は幅広い。事例のように思索的なことや私たちの日常を彩る文化、社会、歴史などに関する事象とつなげることができる。

美術館は美術愛好家のためだけに開かれているのではない。すべての市民に対して、さまざまな目的のために開かれているという自覚。美術館で歴史を学びたい、社会風俗を学びたい、日常生活で見失いがちな自分の立ち位置を確認したいという具合に、美術館は作品という具体的資源を通して何かを学ぶ場所なのだ。そしてその過程を通して豊かな人としての育ちや生活を支援する場所である、という自覚を彼らはもっていると感じた。

グッゲンハイム美術館で、シャロンが「美術において成果があるというだけでなく、ほかの教科へも成果があるということを発信しないといけない」と語ったのは、そのような自覚に基づいているからに違いない。

4—米国の今日的な教育事情

米国の今日的な教育事情とは、悪名高きＮＣＬＢ法である。

ブッシュ政権が始めた「The No Child Left Behind Act」、いわゆるNCLB法（落ちこぼれゼロ法）は、学力アップにノルマを課し、果たせない学校は閉鎖するというものだ。小学三年生から中学二年生に毎年学力テストを受験させる。成績の悪い子どもは小学三年生でも留年させる。各学校は、合格点をとる生徒が漸次一〇〇パーセント、つまり落ちこぼれゼロになるように年度目標を設定するが、四年連続で未達なら教職員総入れ替え。五年連続なら閉校か民間委託にするという熾烈なものだ。

その結果二〇一二年までの一〇年間で、ニューヨーク市内一七五〇校の公立小中高等学校のうち一五〇校が閉校になり、市内の教職員の四分の三にあたる六万六千人が、定年退職に加えて強制的な配置転換や激務による鬱で退職したという[★9]。

「美術そのものを学ぶだけでなく、鑑賞を通して何を学ぶか、どのような力をつけるかが大切だ」

ニューヨークのどこの美術館でも聞いたこの言葉には、複雑な背景があるようだ。

[★9] 阿久沢悦子「学校に競争 米改革不評」『朝日新聞』二〇一二年三月四日朝刊から引用。堤未果の『ルポ 貧困大国アメリカ』岩波書店、二〇〇八年も参照。

5 ― 教育から学習へ

もちろんNCLB法が多様な学習のねらいに対応する米国の美術館教育プログラムを生み出したわけではない。

美術館のミッションや教育理念・方法のあり方については、とりわけ一九九〇年代から欧米の美術館では熱心な議論と実験が繰り返されてきた。その結果が、来館者を能動的なインタープリター（Interpreter）ととらえ、美術の知識供与を唯一の命題としない、観衆の多様なニーズ、多様な学びに対応する美術館教育プログラムの開発につながったとみることができる。NCLB法は触媒としてそれを加速させる働きをしたのである。

さてここで、インタープリターについて説明しておきたい。ここではインタープリターを「自分自身で世界を解釈する人」の意味で用いている。しかし一般的には、インタープリターはインタープリテーション（Interpretation）とともに解説や通訳の意味で用いられる。

インタープリターを日常的な言葉の意味ではなく、インタープリテーションとともに美術館の業界用語として理解する必要がある。英国レスター大学のアイリーン・フーパーグリーンヒルによると、そもそもインタープリテーションには大きく二つの意味があり、ひとつは、他者のために行うインタープリテーションで、もうひとつは自分自身のために行うインタープリテーションである。

他者のためのインタープリテーションとは、だれかに翻訳してもらう場合などがそうで、トランスレーション（Translation）と同義で使われる。美術館においても通常そのような使われ方、つまり、他者に対する「翻訳」という意味合いで使われる。その際、美術館がいいたいことを人々に理解してもらうために行ったあらゆる形のものをインタープリテーションと呼ぶということだ。

だからインタープリテーションは解説を意味したり、展示を指したり、展示の解説装置を意味したりする。この場合、インタープリター（Interpreter）は解説員の意味になる。

これまで美術館ではインタープリテーションを、このような他者のために行う解説行為という意味で使ってきた。しかし一般社会では、自分自身のために行う解釈行為、すなわち自分自身で物事を解釈するという意味で使われることが多く、美術館においてもその意味合いが非常に重要だと、アイリーンは指摘する［★10］。

インタープリテーションが自分自身で解釈するという意味で使われることが多いというのは驚きだが、学習論の視点から美術館でもその意味合いを重視すべきという指摘は、まさにわが意を得た思いである。

美術館教育のかつての関心は「教育」（Education）にあり、教育部門のスタッフの充実やどのような教育プログラムを提供するかにあったが、現在では、「学習」（learning）、すなわち来館者の経験や学習をどのように生み出すかに関心が移ってきている。アイリーンは、英国の美術館では教育部長は学習部長という肩書になり、「教育方針」（education policy）という用語も今では「学習方針」（learning policy）というようになったという［★11］。

美術館教育は他者に対するインタープリテーションから観衆自身によるインタープリテーションにシフトしてきた、といえるのではないだろうか。

［★10］Eilean Hooper-Greenhill, *Museums and the Interpretation of Visual Culture*, Routledge, 2000, p.119

［★11］『Cultivate』一九号、文化環境研究所、二〇〇三年。なお、日本の美術館でも教育普及を学習支援と呼ぶ館が出てきていることは注目すべきことである。

4章 対話による鑑賞とVTSは同じだろうか

1 出自の違い、目標設定と方法の違い

観察を「自分自身で世界を解釈する人」ととらえる動向の背後に、教育界における構成主義学習観の再評価があることは間違いないが、それを反映した鑑賞手法のひとつにVTS（ヴィジュアル・シンキング・ストラテジー）があった。

対話による美術鑑賞はこのVTSと誤解されたり、混同されたりすることがある。これまで述べてきたようにVTSとはそもそも出自が違う。VTSは、米国のフリック美術館の教育部長リカ・バーナムとJ・ポール・ゲティ美術館のエリオット・カイキーによれば、一九九〇年代初頭、アビゲイル・ハウゼンの心理統計学的研究をもとに、美術作品に関するディスカッションへの導入を行うための連続的カリキュラムを、ハウゼンがヤノワインと共同開発し、それが発展したものである［★1］。

［★1］Rika Burnham and Elliott Kai-Kee, *Teaching in the Art Museum: Interpretation as Experience*, the J. Paul Getty Museum, Los Angeles, 2011, p.47

一方、対話による美術鑑賞は二〇世紀に興った教育理論や鑑賞理論を背景に、対話による集団学習を基調とする日本の学校教育の中で脈々と営まれてきたものであり、一九四七（昭和二二）年の学習指導要領に「感想を述べる」とか「その感想について討論する」という学習内容が例示されて以来、美術鑑賞教育施策の方向として明確に位置づけられているものである。

さらに決定的な違いは、学習のねらいによる目標の設定や授業の方法の組み立てだ。

VTSの手法の特徴は、規定された三つの問いかけである。「この絵では何が起きていますか」「何を見てそう思いますか」「ほかに何が見つかりますか」以上の三つである。VTS教育を受けた美術館教育者たちの問いかけはこの三つに制限されている[★2]。

第1章や第2章で紹介したように、対話による美術鑑賞の授業でも「絵を見て何が見えますか」と問いかけ、「（絵を見て）感じたことをそのまま」「（絵を見て）気づいたことをどんどん」発言するように先生が指示している。このような開かれた質問で始まる授業方法に類似性があるため、VTSと誤解されたり、混同されたりするのだろう。

しかし、たとえば授業のねらいが作品に自己を投影し、自己を見つめ自己を語ることであれば、どのような展開ができるのか。VTSの規定された三つの問いかけで終始するわけにはいかない。そもそもVTSはそのような設定を前提としないため比較になるかは疑問であるが。対話による美術鑑賞では、三つの問いかけなどの制限はないので、授業のねらいに沿ってキー・クエスチョンを準備することになる。

具体例を示そう。

[★2] 前掲書★1、一〇二頁

沖縄県を中心に各地の中学校で行われている鑑賞の授業がある。ゴッホの《ひまわり》[★3]を見せてひまわりに自己を投影し、自分とは何者であるかについて考える授業だ。ニューヨーク近代美術館風にいえば、「self」というテーマで作品を鑑賞するプログラムとでもいえようか。

この授業のキー・クエスチョンは、「どのひまわりが自分に似ていると思いますか」[★4]である。生徒は一つひとつのひまわりの形や色、画面の中の位置、ほかのひまわりとの関係などから、最も自分らしいひまわりを見つけ、その理由を語ることになる。まさにひまわりを通して自分を語るのだ。自分が自分自身をどのように見ているかを語るということは、自己意識が強くなり他者との関係の中で自分を模索する中学生にとって、極めて有意義な経験であると思われる。素では語りにくい自己、自己開示が《ひまわり》を語るという場面設定によって容易になる。

《ひまわり》の鑑賞を通して彼らは何を考えたのだろうか。たとえば中学生のひとりは、授業後の感想をこのように書いた。

「なんだかんだで身の回りに人がいる。自分が気づかないだけで多くの人が自分を支えてくれる。自分が悩めば人に支えられ、自分が困れば人に支えられ、自分が輝くためには多くの人に支えられる必要がある。でも、このひまわりたちが同じ花びんから咲いているように、支えてくれる人もまた悩んだり、困ったりするんだと思う。だからそういうとき、ぼくは周りを支えられる人になりたい」

[★3] フィンセント・ファン・ゴッホ《ひまわり》一八八八年、損保ジャパン東郷青児美術館所蔵。

[★4] 「どのひまわりが自分に似ていると思いますか」という質問も開かれた質問である。

これを書いた少年は教師に対して反抗的なところがあり、ずいぶん手を焼かせた生徒だったという。その子がこんな感想を書いた。《ひまわり》を見ることを通して自分を見つめ、友人を見つめ、クラスを見つめていたのだろう。鑑賞という行為のもつ力が、作品の理解とか観察力・批判的思考力・コミュニケーション能力育成などを超えた、もっと奥深いところで働いている。

このような授業も対話による美術鑑賞の一形態なのだ。

2―作品に関する情報（知識）の扱い

鑑賞を通した生徒たちによる個人的ならびに集団的な意味生成と、知識を構成する広く同意を得られた情報との関係について、どのように考えればよいのだろう。ＶＴＳでは、作家の意図や作品を巡るエピソード、特定の象徴的意味といった情報さえ除外している［★5］。

［★5］Visual Thinking Strategies : Teaching Strategy. http://www.vtshome.org/pages/teaching-strategy.

グッゲンハイム美術館のピサロの作品を巡るギャラリー・トークを思い出してほしい。私たちの発言に対して、シャロンは作品成立の社会的背景と作家の人生を背景にした見事な対応をしたが、これは私たちがシニアの美術研究者であることを考慮したものであり、相手が小学生ならこのような応答はしないとシャロンが語ったことを。

このことは、グッゲンハイム美術館のプログラムが、発達段階から設定された学習課題に沿ったものであることを物語っている。対話による美術鑑賞も同様である。もし学習課題に美術の知識を獲得することが含まれていたなら、授業のどこで、どのような方法で情報を提供したり、あるいは生徒に調査を促したりするかの計画を立てる必要がある。しかし相手が幼い生徒で、発達段階からそうした経験が不要あるいは無益であると判断される場合には知識に結びつける学習過程はとらない。

知識や情報を遮断するか提供するかどうかは、学習課題と発達段階によって判断する必要がある。詳しくは第二部で後述しよう。

また対話による美術鑑賞は、学習課題に即して生徒の学びを促し、鑑賞を通しての諸能力や資質の形成を行う。最も重視するのはこの生徒の学びであり、学びの成果（outcomes of learning）である。学習目標（goal）ではなく学習のねらいに即した学習成果（outcomes）、つまり、生徒が何を学び、何ができるようになったか、という点を重視する。

学習目標への到達の精度、つまり集団としてどれだけ作品解釈が深まったかということは大切ではあるが、それを最優先するのではない。生徒一人ひとりに目を向け、個々の思いや感じ方がどれだけ深まり、広がったかを重視するのである。集団の意味生成を最優先すると気の利いた意見を言う生徒だけが活躍し、時間のかかる生徒や寡黙な生徒は捨て置かれる運命になる。生徒全員が授業に参加できるように、個別に尋ねてみたり、ときには対話を中断してワークシートに意見を書かせたり、授業後に「言えなかった意見を書きましょう」と書かせてみたりと実態に応じた工夫が大切だ。

ＶＴＳでは「ハウゼンの五段階によって規定された観衆の質に即して」[★6]ギャラリー・

［★6］基本的に観衆を発達段階一から二とみなし、その段階を対象としたプログラムである。

トークが行われるが、対話による美術鑑賞では「発達段階や学級の実態、学習課題に即して」そして「個人の学びに注目して」授業が行われる。見た目は似ていても本質的に異なる教育理念であり方法といってもよいだろう。

3 VTSはいま……

二〇一三年春、グッゲンハイム美術館をはじめメトロポリタン美術館、ニューヨーク近代美術館など、私たちがニューヨークで訪問した有力な美術館は、VTSに対して距離を置いているように感じた。

一時期注目を浴び、ニューヨーク近代美術館などはVTSに密接に関連するVTC(ヴィジュアル・シンキング・カリキュラム)という館独自の教育カリキュラムをつくったほどだが、いまや昔日の面影はない。VTCはどうなっているのかと聞いてみても、若いエデュケーターは「それは昔のことです。私は知らない」とつれない返事。

現在のニューヨーク近代美術館のギャラリー・トークの進行は、一一七頁で紹介した四段階である。考え、そして話し合うだけでなく、情報を知りさらに考えて話し合うということがギャラリー・トークの基本的な考え方(inquiry-based)である。情報は第三段階のインタープリテーションで与えられる。情報は他者の意見のひとつということだろう[★7]。

一時発問(Discussion Questions for Students)⇩情報提示(About This Work)

[★7]常にこの四段階で進行するわけではない。石川は二〇〇四年の展示「創造的な暮らし—MoMAのコレクションにおける住宅建築」では、この順番が変わり情報提示が先に来ていることに着目し、鑑賞対象の属性による相違であることを指摘した。石川誠「ニューヨーク近代美術館のティーチャーズ・ガイド2—建築作品へのアプローチ—」『美術教育学』第二七号、二〇〇六年、一一五—一二七頁。

⇩継続発問（Follow up Questions for Students）

これが現在の明確なギャラリー・トークの方法論だ。教育学的に見れば、新たな情報を入れることによっていわゆる「這い回り」を回避することが期待できる。

こうした考え方はニューヨーク近代美術館だけではない。担当者ジェシカは、「いつどういうバランスで情報を提供するかということは、ニューヨーク近代美術館とメトロポリタン美術館、ホイットニー美術館で合意に達しているので、ＶＴＳは使わない」と述べている[★8]。

ブルックリン美術館のアリソン・デイも「さまざまな探究型（Inquiry based）プログラムがあり、ＶＴＳはそのひとつに過ぎない」と言う[★9]。ブルックリン美術館がＶＴＳの研修に熱心だと日本の知人に聞いていたので確認したところ、「あれは場所を貸しているだけ。美術館とは関係がありません」という返事だった。情報には偏りがあるようだ。もちろんグッゲンハイム美術館の鑑賞プログラムもＶＴＳではない[★10]。

先に紹介したフリック美術館のリカ・バーナムは、エリオット・カイキーとの著書『Teaching in the Art Museum—Interpretation as Experience』の中で、米国でＶＴＳの置かれた状況について、社会学的側面、美術館教育学的側面そして実質的側面から説明している[★11]。

一九九一（平成三）年にゲッティ美術教育センターとポール・ゲティ美術館は「来館者の姿勢と期待に関する研究」の調査結果を発表した。その中で情報については、「美術の評価を高めるものである。特定の作品とその背景について来館者たちが知れば知るほど、その作品との関係は強くなる」という結果を示している[★12]。

[★8]「ＶＴＳをいまも使っているのか」という筆者の質問に「ノー」と答えたあとにジェシカがその理由を述べた部分。訳は大高。「科研調査インタビューデータ　二〇一三年二月二八日、一三時三分二八秒〜五分一三秒」より。

[★9] 大高の質問に対しての返答部分。「Inquiry based」は、のちに大高が「探究型プログラム」と訳し直した。「科研調査インタビューデータ　二〇一三年二月二七日、一三時二七分三四秒〜三一分三秒」より。

[★10] 私たちの数年前にニューヨーク市の美術館教育を調査した前田ちま子も、二〇〇〇年頃から「ＶＴＳから独自に発展させた教育活動をおこなっている」と述べている。前田ちま子「米国の美術館教育と教材　ニューヨーク近代美術館・グッゲンハイム美術館・メトロポリタン美術館の事例から」『教育美術』八四五号（二〇一二年一一月号）、教育美術振興会、四八頁参照。

[★11] 前掲書★1

『全国ドーセント・シンポジウム・ハンドブック1991』[★13]は、個人的経験と情報は相互排他的なものではなく、「それらは、観衆にとっての意味を協力してつくり出すものである」と述べている。元デラウェア美術館副館長のダニエル・ライス博士は、VTSで行われるような観衆による物語の構築が鑑賞に不可欠であることに同意したうえで、見る者の最初の反応と、「事実の広大な領域から引き出され慎重に選択された情報」を組み合わせた「情報層化アプローチ」を提唱した。情報をうまく活用すれば、見る者の美術作品に対する自然な反応を強化し、強調することができる、と彼女は考えたのだ[★14]。

一九九八（平成一〇）年、明らかにVTSに対して、ダニエル・ライスはこうコメントした。近年の美術館教育における課題のひとつは、「いかなる見方も、ほかの見方に優越しないという相対主義の蔓延である」と。解釈のプロセスを来館者に委ねることは、美術史家や学芸員、エデュケーターたちの見方を脇へ追いやるものなのだろうか。この手法は美術との思慮深い関わりを促すかもしれないが、同時に「広く同意を得られた理解で構成された情報を観衆に伝える責任を放棄しようとする美術館教育者」に、誤用される可能性もあるとして、彼女は警告を発したのである[★15]。

相対主義に対するライスの警告に、美術館教育学の世界的権威であるアイリーン・フーパーグリーンヒルが賛同する。「個人的解釈は、社会的かつ文化的枠組みの中で形成される」と主張して[★16]。

このような社会学的側面や美術館教育学的側面から起こったVTSへの批判的見解はひとつ

[★12] 前掲書★1より。以下、注★13、★14、★15も同様。Amy Walsh. ed. *Insights: Museum, Visitors, Attitudes, Expectations, A Focus Group Experiment*. J. Paul Getty Trust,1991, p.21

[★13] Deryl K. Fischer, *New Frontiers in Touring Techniques: A Handbook of 1991 National Docent Symposium in Denver*, Denver Art Museum, 1992

[★14] Danielle Rice and Philip Yenawine, 'A Conversation on Object-Centered Learning in Art Museums', *Curator*, 45, no.4, 2002, p.296

[★15] Danielle Rice, 'Constructing Informed Practice.' *Journal of Museum Education*, 23, no.1 1998, pp.10-11

[★16] 前掲書★1、一一九頁

の潮流となり、美術館が文化的に共有されたもしくは受容された知識をないがしろにすることで、個人の経験的知識を優先してよいのかという批判につながっている、というわけだ。

以上のようなライスやフーパーグリーンヒルの考え方に私は賛同する。対話による意味生成的な鑑賞における知識・情報の提供に関する考え方と違和感がないからだ。私たちは世界との交流の中で意味を形成していくわけで、文化的な情報や思想や言語から隔絶した形で、そうした行為を行うことはありえないのだから。情報は文化という他者の声として、活用すればよい。要はその声を授業で用いるか否か、学習課題と発達段階に即して、情報提供の術《すべ》と意味生成とのつながりを考えればよいのである。

しかしVTSの一番の課題は実質的側面だ。つまり、観察力、批判的思考力、コミュニケーション能力を育成するとしながら、実態を見ると本当にそれがあの方法で達成されているのかという実質的な側面である。また美術作品を鑑賞するという行為が手段に終わり、結果として作品について重大な過ちを犯してしまうことになること。しかもそれを放置していること。

リカとエリオットは実際のVTSトークを俎上に載せて、かなり手厳しい批判を繰り広げている。たとえば、ジャマイカの美術家エベラルド・ブラウン（一九一七―二〇〇二年）作の《ジャマイカ山に登るシモン・ボリバル》（一九八三年制作）について対話するトークを見てみよう。

トーク参加者は画面左の男性が島を侵略した征服者ととらえてトークが進んでいく。史実はこうだ。コロンビアでスペインの植民地支配の軍勢を打倒したシモン・ボリバルは、決してジャマイカを侵略したのではなく、その島で隠遁生活をしていたのである。これが幼児向けのトークならさもありなんだが、しかしこのトークはおとな向けであり、しかもＶＴＳの専門能力開発講習会で行われたものなのだ。

リカとエリオットは前掲書でこう述べている。「参加者たちは、ブラウンの絵画に関して自身の誤った結論に達するしかない。大きく逸脱した会話を導くような手段を美術館教育者にとらせるいかなる方式にも、私たちはしっかりと疑問を抱かなくてはならない。とくに、その結果に何の責任も生じないような方式には」と[★17]。

同書を読んだあと、そのトークのビデオ[★18]を視聴した私はある種のデジャヴュを感じた。「ｍ·ｉ·ｔ·ｅ！岡山」展を準備していたときのこと、「桃太郎誕生の場面を、お話を知らない外国の人が嬰児殺しと見てもそれを許すのか」ということが話題になった。老女が新生児にナイフを振りかざしている絵だから、そう見られても仕方がないと話すボランティアに、アレナスは明確に反論した。文化の脈絡で私たちはものを見ている。その自覚が異文化に接するときに大切であると。

このＶＴＳ講習会のトークはＶＴＳのホームページで紹介されている事例であるから、精選されていると思われるが、残念な事例といわざるをえない。

トークは次のような言葉で終わる。

指導者　「オーケー、どうもありがとう、素晴らしいセッションでした」

【★17】前掲書★1、一〇四頁。トークの記録とリカとエリオットの批判は同書一〇二―一〇四頁参照。

【★18】ＶＴＳのホームページ www.vtshome.org/pages/a-vts-discussion#discussion で視聴可能。二〇一四年一〇月一日現在。

これに対してリカとエリオットの前掲書は、「何がＶＴＳセッションを〝素晴らしく〟するのだろうと、私たちは疑問に思う」とほんとうに辛辣な言い方をしている。そして、「このグループが、その作品の主題さえまったく把握できないのであれば、この美術作品との出会いから、彼らは、何を「得た」のだろうか。彼らは本当にそれを見たといえるのだろうか。彼らはもしかしたら、その絵画との本当の出会いを、騙し取られてはいないのだろうか」［★19］と締めくくっている。

このトークが史実に基づく作品に対するおとな向けのトークであることを前提に、リカとエリオットはこのような厳しい言葉を発しているのだろう。私たちの進めている対話による美術鑑賞も、学習課題や相手の発達段階によってはＶＴＳに似たような授業展開になることもある。たとえば学習の対象が幼児であり、学習のねらいが「作品を見て考え、自分の意見をもつ」や「感じたことや考えたことを話し合う」であれば、見た目にはＶＴＳのような授業になるだろう。作品の情報を強く教えることはない。

それでも歴史画や宗教画を扱う場合は慎重になる。歴史や宗教に対する誤解や冒涜につながる発言は、たとえ相手が幼児であっても許容範囲があるだろう。相手がおとなであればなおさらのことだ。もしもこの作品を教材として、高校生を対象に対話による美術鑑賞を行うとすれば、史実を情報として与えることは、発達段階と学習課題から必須の授業構成になる。

［★19］前掲書★1、一〇四頁

鏡にあなたの顔が映るように、
向かい合う美術作品には、あなたの魂が映るものだ［★1］

――ジョージ・バーナード・ショウ（劇作家）『メトセラへ還れ』

第二部

対話による美術鑑賞の授業について

横行する、対話による美術鑑賞モドキ

グーグルで「対話による鑑賞」を検索すると七万八九〇〇件、「対話による美術鑑賞」では三万七六〇〇件ヒットする。同じように「対話型鑑賞」「対話型美術鑑賞」を検索すると、結果はそれぞれ六万九〇〇〇件、三万四四〇〇件ヒットする[★2]。

検索結果を見る限り、「対話による鑑賞」もしくは「対話による美術鑑賞」という表記の仕方は市民権を得ているように見えるが、安心するのはまだ早い。これは表記の仕方についてのヒット数であって、その内容についての明確な違いを検索した結果ではないからだ。対話による美術鑑賞と対話型鑑賞がどう違うのか、それを意識した使い分けがあるわけではなく、表記が内容を表しているという実態ではない。ここに重要な問題が潜んでいる。

繰り返すが、対話による美術鑑賞の特色は鑑賞者が意味を生成するという点にあり、その手段として対話がある。単に対話すればよいというものではない。

意味生成の過程を先生が組み立て、作品に対しての思考が自己と他者、個人と集団の間を往還し、学習課題に沿って一人ひとりの鑑賞者がそれぞれの解釈をまとめることが目的である。このような意味生成の過程を通して感性と思考力を磨き、美術の見方や解釈の多様性を理解するのが、筆者らが名付けた「対話による意味生成的な美術鑑賞」であり、略して対話による美術鑑賞である。

対話による美術鑑賞の授業やトークを支える理念、つまり対話による美術鑑賞の基盤にある

[★1] 'Back to Methuselah, 1921', *The Bodley Head Bernard Shaw: Collected Plays with their Prefaces, Vol.IV*, Ed. Dan H. Laurence, London, Reinhardt, 1974

[★2] 検索結果は二〇一四年一〇月一日現在のものである。ヤフーの場合もほぼ同数である。

考え方や、学習指導要領との関連については、第一部第1章で述べたようなことで、さほど難しいものではない。

しかし理念が理解できても、学習課題や目的が明確でないと、妙な授業やトークになってしまうことが多い。「なんちゃって対話による美術鑑賞」と揶揄されるような、とんでもない授業や美術館のギャラリー・トークが横行していることを耳にするからだ。

二つの例を紹介しよう。

一つ目はある高等学校での事例である。最初にプロジェクターで生徒に絵を見せ、「自由に感想を言ってください」と先生が告げた。すると、生徒はめいめい好き放題に、自分の感想を述べていく。何を言っても先生は笑って聞いているだけなので、教室は笑いと妙な熱気に包まれていった。しばらくして意見が出尽くした頃、「いろいろな意見が出たね。自分の目で見ることが大切だよ」と先生がまとめた。概ねこのような授業である。公開授業であったため、事後の授業反省会で教育委員会指導主事から厳しい指摘があったと聞く。

二つ目はある美術館での事例である。中学生を引率してきた先生は、生徒に紙を渡し、ギャラリーの中を自由に歩き回らせた。自分が気に入った作品をひとつ選び、感想を書くという課題だった。その間先生はほかの先生と立ち話をしていたが、二〇分ほど経った頃生徒を集合させた。「発表してください」と先生は告げ、生徒は挙手して紙に書いたことを読み上げる。「同じ絵について書いた人」と先生は告げ、別の生徒が発表する。この繰り返しで授業は進行し、最後に先生が「絵の見方に正解はありません。自分の見方を大切にしよう」と締めくくった。

これは私が実際に目にした授業である。

この二つの例は対話による美術鑑賞の授業とはいえない。さらに学校の授業としても適切ではない。

作品は自由に見てよい。見方に正解はない。自分の見方を大切にする。どれも対話による美術鑑賞の根本にある考え方であることに間違いはない。二つの例もこうした考え方に沿って行われたものなのだろう。

にもかかわらず適切ではないのは、これらの授業が生徒の発達段階に即した課題や、授業の目標や学習課題の観点から見て問題があること、また、教科のカリキュラムの視点を欠いているからである。このようなことは、対話による美術鑑賞のみならず根本的に授業のあり方そのものとしても適切ではない。

前者の例の場合は、相手が高校生ではなく、幼児や年少の子どもだったらさほど問題はなかっただろう。発達段階から見ると、幼児や年少の子どもにとっては美術作品を見て自分の意見をもち、発表することだけでも授業の目標になりうるからだ。他者の意見を聞くことまでは難しくて言い放しで終わったとしても、先生が一人ひとりの思いを聞いてあげること自体が教育的な意味をもつこともある。しかし、高校生の場合には、さすがにそれでは学習の目標にならない。

高校生であれば、作品についての多様な見方の差異と共通性に気づき、意見を分類したり、意見分布をもとに自分の見方を省察して自己を相対化することや、多様な観点から作品を俯瞰的に見ること、鑑賞を契機に作家や作品について調べることなどを通して作品を批評し、美術鑑賞文としてまとめるような学習目標が適切だろう［★3］。

後者の中学生の例の場合も、それが放課後なり休日なりに自由に訪れた美術館での出来事であったとしたら、生徒にとって余暇を楽しむ有意義な体験だったといえるかもしれない。美術の学習の一環としてではなく、自分の意思で訪れた美術館での「楽しい鑑賞体験」としてならOKであっても、学校の授業としてはNGといわざるをえない。

なぜなら、自分の好きな作品を見つけることや、その作品について「感じたことを話したり、友人の話を聞いたりする」［★4］という学習活動は、小学校低学年の発達に即した学習活動だからだ。中学生であれば、たとえば主題に基づきながら作品の背景を見つめ、自分の生き方との関わりでとらえたり、自分の価値意識をもって批評し合ったり、作者の心情や意図と創造的な表現の工夫などを感じ取るような学習活動が展開されなければならない。

また、鑑賞した内容が今後の授業にどう関連するのかというカリキュラムの視点も忘れるわけにはいかない。たとえば表現の授業に先立つ鑑賞であれば、表現方法や技法などに注目させる授業の方向づけが必要だろうし、文化理解の一環としての授業であれば、鑑賞した作品や作家の歴史的な意義や様式、表現の特質等についてまとめさせることになるだろう。

二つの授業にはそうした視点が欠けていた。

第二部では、望ましい授業を行ううえで必要な事柄について説明する。第1章では、学習課題の設定、作品の選定、シミュレーション、環境設計など授業の前に行うべき準備について説

【★3】文部科学省の高等学校学習指導要領芸術科（美術）には「さまざまな視点から分析、理解する……（略）……鑑賞レポートにまとめたりすることも大切」などと明確に示されている。

【★4】「」内は、小学校学習指導要領解説図画工作編（二〇〇八）年で示されている小学校第一・二学年の内容である。

明する。第2章では授業の進め方を三つのステップに分けて紹介する。ＳＴＥＰ１では心構えと授業の始め方を、ＳＴＥＰ２ではナビゲーションとリレーションによる対話の組み立て方を紹介し、ＳＴＥＰ３では授業の評価と改善について具体的に述べる。

　第3章では、実際の授業例から生徒の発言に対する先生の応答のあり方や良し悪し、授業における注意点やポイントを紹介していく。対話による鑑賞授業の進行に沿って生徒の鑑賞がどのように変わっていくか、そして先生はどのようにその変化に応じ、学習課題に沿って授業を進行すべきかを具体的に述べる。

1章 授業の前に行うこと

1―学習課題の設定と授業設計

① 学習課題を考えてみよう

授業の前に準備することとは、学習課題の設定と授業設計、それに沿った作品の選定、シミュレーション、環境設定である。

学習課題を設定するときは、まず、その学習を通してどのような資質・能力を育成するかが明確でなければならない。育成すべき資質や能力は学力の三要素と、学習指導要領からは次のように考えることができる。ここでいう学力の三要素とは学校教育法の改正に基づき法律上規定された学力構造であり、①基礎的な知識と技能、②思考力・判断力・表現力、③主体的に学習に取り組む態度の三要素を指すもので、すべての教科に共通することであり、美術の授業も例外ではない［★5］。

①基礎的な知識と技能とは、地域の作家や作品、日本および諸外国の美術作品や文化遺産、日本の伝統や文化、美術史などに関する知識と理解、材料や技法に関する知識などである。

②思考力・判断力・表現力とは、想像を働かせて美術作品を見る力や意味や価値をつくり出したりする思考力や判断力、思いや考えを説明する表現力や批評し合う力など。対話による美術鑑賞で育成する最も大切な能力である。

③主体的に学習に取り組む態度とは、進んで作品を見たり、調べたり話し合ったりして見方を広げたり深めようとする態度など。なお、作品の形や色、表し方の特徴などからおもしろさやよ

■図1｜学習課題と資質・能力と発達段階の関係

←発達段階→

↑資質・能力↓

	小学校 低学年	小学校 中学年	小学校 高学年	中学校 1年	中学校 2・3年	高等学校
能力①						
能力②		学習課題				
能力③						
能力④						

［★5］「学校教育法」第三〇条第二項には、「前項の場合においては、生涯にわたり学習する基盤が培われるよう、基礎的な知識及び技能を習得させるとともに、これらを活用して課題を解決するために必要な思考力、判断力、表現力その他の能力をはぐくみ、主体的に学習に取り組む態度を養うことに、特に意を用いなければならない」と定められている。
※第三〇条第二項は、中学校および高等学校に準用とされている。

さ、美しさなどを感じ取る学習活動は、感性の働きに支えられたものである。主体的に学習に取り組む学習を支える感性や美意識を育成することは、美術の学習では大切なことである。

学習課題は育成すべき資質・能力を縦軸に、生徒の発達段階を横軸にとり、そのクロスするところにある（図1）。

②二一世紀型能力も視野に入れて学習課題を検討してみよう

育成すべき資質や能力を明確にした学習課題の設定は、今後の教育改革の大きな課題となる。二〇〇九～二〇一三（平成二一～二五）年度に実施された国立教育政策研究所のプロジェクト研究「育成すべき資質・能力を踏まえた教育目標・内容と評価の在り方に関する検討会」の報告は「社会の変化に対応して求められる資質・能力を育成する観点から教育課程を編成する必要がある」とし、「思考力等の育成や人間関係等の形成のスキルを具体化し、その獲得のために体系的なカリキュラムを構成する必要がある」と結論づけている［★6］。

これを踏まえて報告書は、「二一世紀型能力」を提案している。

「二一世紀型能力」とは、学力の三要素を「課題を解決するため」の資質・能力という視点で再構成し、現行学習指導要領が目指す知・徳・体と関連付けたうえで、これからの学校教育で身につけさせたい資質・能力として示したものである。二〇一四年三月には、「学習指導要

［★6］国立教育政策研究所『平成24年度プロジェクト調査報告書　教育課程の編成に関する基礎的研究　報告書五』二〇一三年、六頁

領の構造を、育成すべき資質・能力を起点として改めて見直し、改善を図ることが必要」と提言している。二一世紀型能力は、「二一世紀を生き抜く力をもった市民」としての日本人に求められる能力として、図2のように、「基礎力」「思考力」「実践力」から構成されている[★7]。

図3〜5は、育成すべき資質・能力を明確にした学習課題の設定例を示したものである。この表を活用して学習課題を設定してみよう[★8]。

中学校美術科を例にとると、鑑賞の学習は「造形的なよさや美しさに関する鑑賞」「（生活を）美しく豊かにする美術の働きに関する鑑賞」「美術文化に関する鑑賞」に大別できる。このカテゴリーに沿って中学一年生、中学二・三年生それぞれの発達段階に応じた学習課題を設定するのである。

具体的に、中学一年生を対象として「造形的なよさや美しさに関する鑑賞」の授業を行う場

■図2｜21世紀型能力

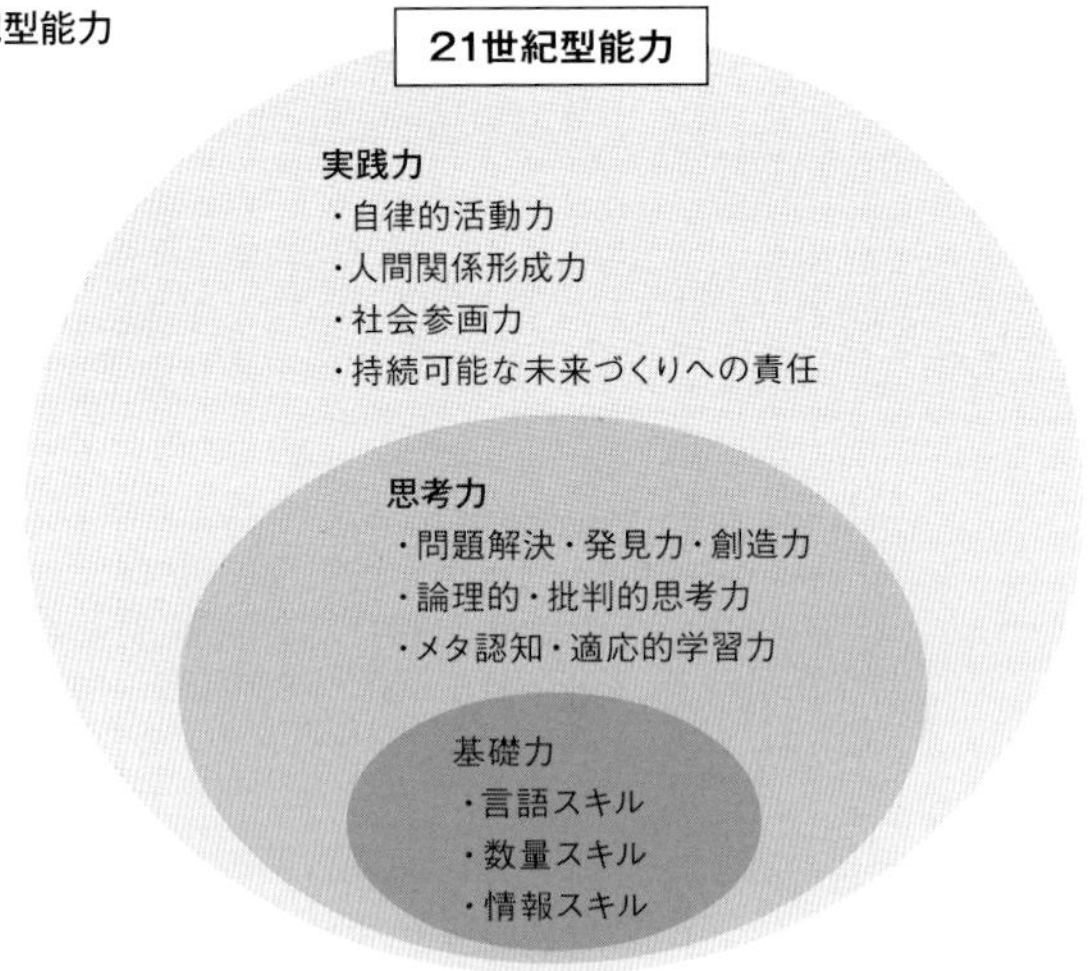

［★7］前掲書★6、二六頁

［★8］なお、「主体的に学習に取り組む態度」については、すべての資質能力の育成に大きく関わっていることから、それだけをひとつの項目として図に示すことは避けた。具体的な設定例については、二二二頁の図15参照のこと。

■図3｜学習課題の設定例　小学校

育成する資質・能力	小学校 第1・第2学年	小学校 第3・第4学年	小学校 第5・第6学年
(基礎となる能力) 作品を鑑賞して感じ取り考える能力	・作品と同じ姿勢をとる、作品に触れるなど見ることそのものを楽しむ。 ・感じたことを話す、聞くなどして形や色、表し方のおもしろさなどに気づく。	・作品を自分の見方や感じ方でとらえ、新しい意味を発見する。 ・感じたことや思ったことを話し合い、共通点やいろいろな見方に気づく。	・形や色などから分析的に見たり、意図や気持ちを読み取ったりして、作品を深くとらえる。 ・感じたことや思ったことを話し合い、表現の意図や特徴をとらえる。
①作品のよさやおもしろさ、美しさなどを感じ取る能力	・見たり、触ったり、話したりして自分たちの作品を楽しく見る。 ・形や色、表し方のおもしろさなどに気づく。	・身近な美術作品を鑑賞して、よさやおもしろさを感じ取る。	・多様な見方や感じ方で親しみのある美術作品を鑑賞し、作品のよさや美しさを感じ取る。
②作者の心情や意図と表現の工夫を考える能力		・友人の作品から自分の考えとは異なることを見つけて、その思いを汲み取る。	・表現する人の思いや心の揺れによる表し方の変化について考える。 ・時代や地域の違いによる表現の意図や特徴について考える。
③生活を美しく豊かにする美術の働きを考え理解する能力・態度			・暮らしの中の作品を鑑賞し、よさをとらえたり、美しさについて考えたりする。
④美術文化を愛好し、継承・創造する態度			・伝統や文化を大切にする態度を身につける。 ・芸術や自然の美しさを味わう態度を身につける。

■図4｜学習課題の設定例　中学校

育成する資質・能力	中学校第1学年	中学校第2・3学年
(基礎となる能力)作品を鑑賞して感じ取り考える能力	・感性や想像力を働かせてよさや美しさを味わう。 ・作品に対する自分の思いや考えを説明し合い、自分と他者の共通するところや違いに気づき、見方や感じ方、考え方を広げる。	・主題に基づきながら作品の背景を見つめたり、自分の生き方との関わりでとらえたりして見方を深める。 ・作品に対する自分の価値意識をもって批評し合ったり、知識を活用したりして、自分の中に新しい価値をつくり出す。
①造形的なよさや美しさなどを感じ取る能力	・形や色彩、材料などに視点を置いて作品を鑑賞し、よさや美しさなど感じ取ったり考えたりする。	・形や色彩などの特徴や印象から価値や情緒を感じ取り、外形には見えない本質的なよさや美しさをとらえる。
②目的や機能との調和のとれた美しさを感じ取り考える能力	・生活の中にあるデザインや工芸を鑑賞し、目的や機能が形や色彩、材料とどのように調和しているかを感じ取り考える。	・生活の中にあるデザインや工芸を鑑賞し、目的や機能との調和のとれた美しさをとらえ、その価値を判断する。 ・デザインの鑑賞を通して、時代や社会の特徴、人々の願望や造形技術の歩みを読み取る。
③作者の心情や意図と表現の工夫を考える能力	・作者の心情や意図と表現の工夫を、作品が表している内容や形、色彩、材料、表現方法などから、自分として根拠をもって読み取る。	・作者の内面や生き方を推し量ったり、作者の生きた時代や社会的背景から考えたりして、幅広い視点から作者の心情や意図と表現の工夫を読み取る。
④生活を美しく豊かにする美術の働きを考え理解する能力・態度	・生活の中の美術の働きについて、情報を伝えるための伝達のデザインや、機能と美の調和を考えた工芸などの鑑賞を通して考え、実感を伴って理解する。	・作品や身の回りの環境を安らぎや自然との共生の視点からとらえ、生活の中の美術の働きについて理解を深める。 ・美術作品の主題や工芸作品の素材としての自然のよさについて考え、その造形的な美しさを感じ取る。
⑤美術文化を愛好し、継承・創造する態度	・身近な地域や日本および諸外国の美術の文化遺産を鑑賞し、受け継がれてきた美意識や技術、創造的精神を感じ取ったり考えたりする。 ・複数の作品を鑑賞し、共通して見られる表現の特性や美意識、価値観などに気づく。	・日本美術の時代的な大まかな流れと、作品に見られる各時代の人々の感じ方や考え方、作風などを調べるなどして、日本の美術や伝統と文化に対する理解を深め、豊かに感じ取る。 ・諸外国の美術作品を比較鑑賞し、各国の美術や文化の違いと共通性を理解し、価値あるものとして尊重する態度を身につける。

■図5|学習課題の設定例　高等学校

育成する資質・能力	高等学校美術Ⅰ	高等学校美術Ⅱ	高等学校美術Ⅲ
（基礎となる能力）作品を鑑賞して感じ取り考える能力	・自己を見つめ、自分の価値意識をもって鑑賞し自分としての意味や価値をつくり出す。 ・主題に基づいて作品の背景を分析したり、調査・研究したり討論したりする。	・批評し合うなどして作品に対する多様な見方や感じ方があることを理解し、他者の考えを尊重しつつ自分の考えをもつ。 ・自分の考えや調査・研究の結果を鑑賞レポートにまとめる。	・鑑賞の内容を焦点化し、学習課題を自ら設定する。 ・作品を読み取り味わい、深く考察して言葉に表し、批評や討論などを通して鑑賞の能力を高める。
①作品のよさや美しさなどを感じ取る能力	・作品の形や色彩、材料などからよさや美しさを感じ取り、表現の独自性や創造性、素材の生かし方や表現技術、作品の背景にある時代や社会、生活などの視点からとらえる。 ・映像メディア表現の特質や表現の効果を感じ取る。	・作者の年代の異なる作品や、同時代のほかの作者の作品、主題や表現形式が同じ作品などを比較鑑賞し、多様な視点から分析し理解する。 ・映像メディア表現の特質や表現の効果を感じ取る。	・主体的に自己の価値観や美意識を働かせ、作者の意図などをさまざまな視点から読み取り理解する。
②作者の心情や意図と表現の工夫を考える能力	・作者の内面性に迫り、共感して作品をより深く味わい、作品や作者についての理解を深める。	・作者が美術を通して人生や芸術をどのように追求しているかを感じ取り、発想や構想の独自性、表現の工夫など多様な視点から分析し理解する。	・作者の主張、作品と時代や社会との関わりを考察し理解する。
③生活を美しく豊かにする美術の働きを考え理解する能力・態度	・自然と美術との関わりや生活や社会における美術の働きについて考え理解する。 ・自然との調和や共生の視点から自分自身の生活をより豊かなものにする態度を育む。	・心豊かな生き方の創造に関わる美術の働きについて理解を深める。 ・よりよい社会の価値観をつくろうとする態度を身につける。	・国際理解に果たす美術の役割について理解する。 ・美術を通した国際理解を積極的に推進していこうとする態度を身につける。
④美術文化を愛好し、継承・創造する態度	・日本の美術の歴史や伝統的な表現の特質・様式について理解を深める。 ・日本および諸外国の美術文化について理解を深める。 ・国際社会に生きる日本人としての自覚を高める。	・時代、民族、風土、宗教などによる表現の相違や共通性などを考察し、美術文化についての理解をいっそう深める。 ・伝統を継承し、創造しようとする心情や態度をもつ。	・文化遺産としての美術の特色と文化遺産を継承し保存することの意義を理解する。

合を考えてみよう。学習課題を考えるうえでまず考えなければならないのは、「作品を鑑賞して感じ取り考える能力」の育成である。これはすべての鑑賞学習の基礎となる能力である。その学習課題は次のように考えられる。

・感性や想像力を働かせてよさや美しさを味わう。
・作品に対する自分の思いや考えを説明し合い、自分と他者の共通するところや違いに気づき、見方や感じ方、考え方を広げる。

次に「造形的なよさや美しさに関する鑑賞」の授業で育成すべき資質・能力としては、①造形的なよさや美しさなどを感じ取る能力が該当するだろう。③作者の心情や意図と表現の工夫を考える能力を加えてもよい。ここがブレてしまうとどのような資質・能力を育成する授業なのかが明確ではなくなる。

①や③の能力の育成を踏まえて設定する学習課題は「形や色彩、材料などに視点を置いて作品を鑑賞し、よさや美しさなど感じ取ったり考えたりする」であったり、「作者の心情や意図と表現の工夫を、作品が表している内容や形、色彩、材料、表現方法などから、自分として根拠をもって読み取る」であったりする。そして、実際に授業を行う場合には、学習課題は学校のカリキュラム上の位置づけや、生徒の鑑賞学習に関する実態などを踏まえて総合的に判断することが大切である。

授業設計については、たとえば「形や色彩、材料などに視点を置いて作品を鑑賞し、よさや美しさなど感じ取ったり考えたりする」という学習課題を設定した場合は、感性や想像力を働かせて「形や色彩、材料などに視点を置いて感じ取ったり考えたりする」ことを指導のポイントとし、「作品に関する思いや考えを説明し合う」活動を通して「自分と他者の共通するところや自分にはない見方や感じ方、考え方」に気づき、「作品に対する見方や感じ方を」広げられるような授業設計が考えられる。

留意すべきことは、育成する資質・能力が同じであっても生徒が中学二・三年生の場合には発達段階に即して学習課題が変わり、授業設計が変わるということだ。たとえば中学二・三年生の場合には、学習課題を「形や色彩などの特徴や印象から価値や情緒を感じ取り、外形には見えない本質的なよさや美しさをとらえる」と設定し、「自分の価値意識をもって批評し合う」活動を通して「主題に基づきながら作品の背景を見つめ、自分の生き方との関わりで」とらえられるような授業設計をすることが考えられる。

2―作品の選定をどうするか

①誰に、何を、何のために見せるのか

グッゲンハイム美術館やニューヨーク近代美術館における、多様なニーズとさまざまな教科

の学習に対応した開かれたプログラムは、メトロポリタン美術館をはじめニューヨークのほかの美術館やワシントンDCのナショナル・ギャラリーでも見られるもので、日本の美術館のあり方のみならず鑑賞教育それ自体のあり方に、大きな示唆を与えてくれる。対話による美術鑑賞の理念や方法とも近接するプログラムであり、学ぶべき点は多い。

対話による美術鑑賞の授業でも、アイデンティティなどの観点（テーマ）を意識しながら作品を見る鑑賞の授業や、あるいは国語や社会科など他教科のねらいと重ね合わせて鑑賞する授業もまた、すでに日本各地で実践されている[★9]。ニューヨークの美術館のプログラムを理解することは、日本でさまざまに展開されている対話による美術鑑賞の発展につながるに違いない。

作品選定についても、テーマに沿った選択は妥協のないものだ。第一部一一四頁で紹介したニューヨーク近代美術館のキャラクターをテーマにしたプログラムがそのよい例である。ロダンの《バルザック像》からウォーホルの《ゴールド・マリリン・モンロー》へ、そしてニューマンの《ヴィル・エロイクス・サブリミス》へと続く流れには理由がある。なぜこの三作品で、この順番なのかを考えていただきたい。

三作品の選定と順番には深い思慮がある。最初に、最も現実の人間の姿に近い立体の造形であるロダンの彫像を見せて、キャラクターについて考えさせる。次に絵画に描かれた人間、つまり人間の平面像を見せて考えさせる。彫像は全身像だったが絵画は顔だけ。ロダン作品が男性像、ウォーホル作品が女性像であることも配慮のうえのこと。立体像から平面像へと、来

[★9]第一部2章で紹介した、小学校での国語科教員による実践や、高等学校での公民科倫理の授業としての実践はその代表例である。この二例はそれぞれ、「美術による学び研究会」東北・秋田大会(二〇一一年)、「第八回美術鑑賞教育フォーラム」（大分、二〇一三年)でも報告されている。

館者が人間の性格について考える情報量を落としていく。そして最後にまったく情報のないニューマンのベタ塗り絵画を見せるのだ。この順番を変えることはできない。この三作品の選定と見せる順番が、いかに慎重に計算されているかが分かるだろう。

作品の選定は、対話による美術鑑賞においても学習課題の達成を左右する大切な準備であることはいうまでもない。しかし安易にとらえる嘆かわしい風潮もある。よく見聞する事例を二つ挙げよう。

〈事例1　どんな絵を見せたらいいでしょうか?〉

「今度、四年生で鑑賞の授業をしてみようと思うのですが、どんな絵を見せたらいいでしょうか?」

このような質問を先生方からよく受ける。鑑賞の授業をやってみようという意欲には感服するが、これでは答えようがない。

「学習課題は何ですか?　それによって選ぶ作品は変わってきます」

このように答えると、先生は少し考える。中には、「子どもに鑑賞の経験をさせたいんですが……」と戸惑うような人も見受けられる。

対話による美術鑑賞の授業を行うとき、扱う作品の選定に困るという事情は分からなくもない。他教科であれば教科書で授業をすることが当たり前だが、美術の授業は教材そのものを先生が工夫することが伝統的であるため、鑑賞の授業に際しても表現の授業と同じように考えてしまうのだろう。

しかし、鑑賞の授業を行うという漠然とした立場で作品を探そうとするから、選定が難しくなる。育成する資質・能力と発達段階からなる学習課題を明確にして作品を選ぼうと心がけることがまず大切だ。

学習課題が表現につなげる鑑賞の授業であれば、表現の発想に結びつくような魅力のある表し方の作品を選ぶことが必要になる。地域や日本の伝統と文化の学習につなげたいときなどには、その特質がよく表れた作品を選定しなければ学習課題は十分に達成されないだろう。

このように学習課題を視点にして作品を検討するわけだが、その際には、発達のそれぞれの時期による適時性も考慮する必要がある。

いくら想像力や思考力を高める作品であるといっても、小学校低学年の子どもにデミアン・ハーストやクリスチャン・ボルタンスキーの作品［★10］を見せるのは適切ではないだろう。「怖い」と泣き出す子がいてもおかしくはないし、この傾向の作品を授業で扱うなら抽象的な思考ができ、作品の背後にある風刺や政治、歴史に対するメッセージなどを読み取れる中学二・三年生以降に見せるのが適時性というものだ。

レオナルド・ダ・ヴィンチの《モナ・リザ》は、幼児が見れば「○○ちゃんのお母さんに似ている」とか「顔が怒っている」などの自己中心的な見方をするが、その場面で《モナ・リザ》のモデルを巡る諸説を語っても意味がないのは道理だ。しかし同じ《モナ・リザ》を高校生の鑑賞授業で扱えば、スフマートや空気遠近法などの技能に関する知識やルネサンスに関する美

［★10］ハーストもボルタンスキーも「生と死」と関わりの深いミステリアスな傾向の作品を多く発表している現代作家。

術史の知識の学習に結びつけることが妥当になる。どんな作品をどの時期にどのように見せるかは、カリキュラムとして考えておくべきことで、少なくとも小・中学校の九年間を見通したカリキュラムが必要であると考えている［★11］。

美術館では年齢による区別などなく美術作品が展示されているわけだから、小学生は小学生なりに見ることを楽しみ、高校生は高校生なりの価値意識をもって思慮深く見るなど、それぞれの年相応に楽しめばよい。訪れた一人ひとりが思いのままに作品と向き合い鑑賞する、それが美術館という場所であり、市民文化としての鑑賞のあり方だろう。

しかし、学校の鑑賞授業はそうはいかない。育成する資質・能力と発達段階の観点から設定された学習課題があり、それに見合う作品を選び、指導プランを練り、生徒一人ひとりの考えを深め、相互に学び合わせながら集団として高めていくように指導しなければ授業として成立しない。仮に同じ作品を異なる学年で扱うにしても、それぞれの学年ごとの発達段階に基づいて学習課題を設定する必要がある。

〈事例2　安易な本物志向〉

高等学校や中学校の美術の先生が御自身制作の作品を鑑賞させたり、知り合いの美大生の作品を使って授業したりする例を聞くことがある。国語の授業を思い浮かべてみるといかがだろう。先生が自作の小説や知り合いの文学部学生の作品を教材にして授業することが称賛されるだろうか。

［★11］小・中学校九年間を見通したカリキュラムについては、著者が研究代表である平成二一―二三年度の科学研究費補助金研究により、福岡県北九州市と東京都府中市において義務教育九年間の美術鑑賞カリキュラムを作成している。

ところが美術の授業ではそのような事態が生じている。

その根底には、美術館に行って本物の作品に触れる機会の少ない生徒に、実物を見る機会を与えたい、年齢の近い若い作者から作品に関する話を聞き、美術に関心をもってほしいなどの思いがあるのかもしれない。

確かに実物からは形や色、質感や大きさを直接感じ取ることができる。デジタル画像がいくら進歩しても、まだまだ実物を完全に再現できているわけではないのだから。

しかし実物であれば何でもよいというわけでもないだろう。

実物であることと豊かな教材性を内包していることとは、別の問題としてとらえないといけない。

授業で扱う対象として選ばれた作品を教材という。しかし作品はそれ自体では教材ではない。いかなる名画であっても、それは素材に過ぎないのだ。作品は先生によって、教育的な検討が加えられることで初めて教材という状態になる。

教材研究とは、発達段階に沿った学習課題の視点から作品の適合性と適時性を考え、作品について事前に理解を深めるために行う教育的な検討をいう。

この事前の検討を怠ると、授業の焦点がぼけてしまい、むやみに高度な学習課題の授業になったり、単なる楽しい経験（教育的に低位な活動）に終わってしまうおそれがある。指導者自身が作品と向き合い、そのエッセンスを理解し研究することが不可欠である。まず自分自身で作品をよく見て、目に見えるものは何か、全体の印象、形や色から感じ取れること、主題、作品の内容から想起できることは何か、などについて書き出してみるとよい。こうした取り組みが素材の教材化につながる。おぼろげだった授業プランも鮮明になってくる。

複製より本物を用いるに越したことはないが、このような教材研究の文脈を抜きにして、複製ではなく「本物」の作品にのみ付与されているアウラ（一回性の崇高なる雰囲気）[★12]を「本物の作品の特権性」ととらえて、本物だから見せる価値があると考えたり、作者の話が聞けるからよい機会だととらえたりするのは早計であるし、本末転倒している。

年間の美術の授業時数から考えると、実際に行われている鑑賞の授業は年に数時間、高等学校や中学校なら一〜二時間程度かもしれない。貴重な鑑賞教育の時間であることを考慮し、生徒に何を見せるかの判断は慎重でありたいものだ。

[★12] ヴァルター・ベンヤミン『複製技術時代の芸術』高木久雄・高原宏平訳、晶文社、一九七〇年などを参照。原典は一九三三年に出版。

②作品選定の手順——教材開発（作品の選定）と素材研究（作品の吟味）

一般に教材研究と呼ばれている教育的な検討は、素材研究、教材解釈に分かれている。扱う対象が決まっている他教科とは違い、美術の場合はその前に教材開発（作品の選定）が入る。どのような作品を選ぶかは**誰に（発達段階）**、**何のために（学習課題）**という視点をもちながら、具体的にある作品を仮定して考えてみることになる。たとえば地域の美術館の所蔵作品から選ぶ場合、美術館の教育担当者と相談しながらいくつかの候補作品を選定し、その中から学習課題に最もふさわしい作品を決定する、という手順を踏む。

作品選定と同時に素材研究も進行している。素材研究とは作品を素《す》のまなざしで見ること。

たとえば《モナ・リザ》をひとりの鑑賞者としてじっくりと見る、一切の知識や情報を排して素の状態でこの作品を味わい楽しみ、感じ取ることである。一般的な教材研究は素材研究から始まるが、美術鑑賞の場合は、作品の選定の段階で素材研究も行われていることになる。

次に行う教材解釈は素材研究とは異なり、指導者としての教育的な立場から作品を見ることである。対話による美術鑑賞ではこれをシミュレーションと呼ぶ。具体的な授業を想定し、学習課題に即してどのような学習が成立するのかを考えるのである（図6）。

巻末資料Ⅱの図は育成する資質・能力と発達段階からなる学習課題から選定した作品例を示したものである。

〈物語性の強い作品がよい作品?〉

対話による美術鑑賞には物語性の強い作品が適しているとよくいわれる。確かに物語性の強い作品は対話を促すという目的に適っている。とくに子どもや鑑賞の初心者が相手の場合にはよい選択だ。マイケル・パーソンズ[★13]もアビゲイル・ハウゼンも述べているように、美的発達の第一段階（鑑賞の初心者）の特徴は、作品を見て自分で物語をつくる傾向が強い。市販のティーチャーズキットなどに人物が描かれた作品が多く紹介されているのも、そこに描かれた人々の表情やしぐさ、描かれ方の特徴などから物語を想起することが容易だからだろう。

しかし、それがすべてではない。

鑑賞の学習は「造形的なよさや美しさに関する鑑賞」「生活を美しく豊かにする美術の働き

■図6｜美術鑑賞の教材研究の手順

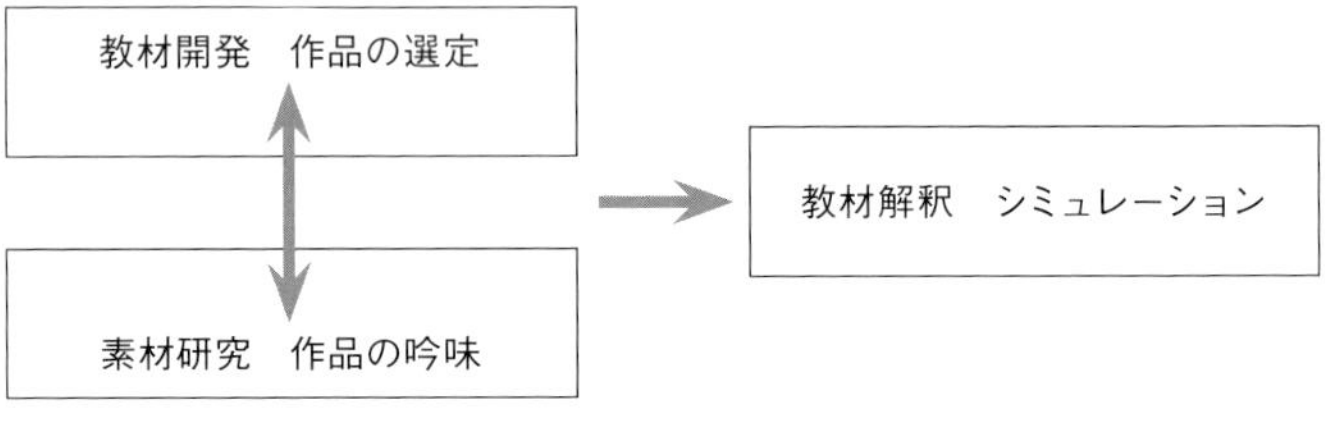

に関する鑑賞」「美術文化に関する鑑賞」に大別できる。たとえば、「生活を美しく豊かにする美術の働きに関する鑑賞」では、物語性は選定の大きな要件にはならない。この授業を中学校で行うとすれば、花鳥風月や雪月花など日本人の自然に対する美意識が表れている作品や、形、色彩、材料などから心が安らぐような作品などが選定の第一要件になる。

「美術文化に関する鑑賞」では、日本の美術の特質が表れていることや、地域の伝統的な工芸品や文化遺産などが選定の第一要件となる。

中学二・三年生の「生活の中にあるデザインや工芸を鑑賞する」授業で、育成する資質や能力が〈目的や機能との調和のとれた美しさを感じ取り考える能力〉である場合は、たとえば季節感と形や色彩が調和している作品や、主張やメッセージを効果的に伝えている作品などが選定の要件である。

学習課題に即して作品を選定することが大切であり、単純に物語性の強い作品を選ぶことは避ける必要がある。

繰り返すが、作品選定では**誰に（発達段階）**、**何のために（学習課題）**という点が大切だ。物語を語らせることのために作品を選ぶのではない。

〈鑑賞の授業における発達段階〉

子どもの発達の過程に沿ってそれぞれの時期で発揮される能力の特性を、本書では発達段階ととらえている。この発達段階に基づいた学習課題があるととらえることで、学習内容が明確

【★13】教育哲学研究者。パーソンズ(Michael J. Parsons)はピアジェらの認知発達理論に関する研究を咀嚼し、一九八七年に「芸術の理解のための発達段階」を発表した。一段階はお気に入り(五歳)、二段階は美と写実(一〇歳)、三段階は表現力(少年期)、四段階は様式とフォルム(青年期)、五段階は自律性(専門的な訓練を受けたおとな)に分け、それぞれの言葉による特徴や心理学的属性を分析している。詳細は、パーソンズ『絵画の見方─美的経験の認知発達』尾崎彰宏、加藤雅之訳、法政大学出版局、一九九六年を参照。

■図7

見方(視点)の特性

●小学校

低学年では自己中心的な視点から作品を見る。自分の見方がすべてであり、他者の見方や自分との違いがなかなか理解できない。学年が進むにつれ、少しずつ他者の視点を理解でき、見方の視点が広がるようになる。

●中学校～高等学校

社会の中の自分という意識が育つとともに、作品も社会的な存在として見ることができるようになってくる。中学校では作品を社会的な背景と関連付けて見たり、伝統と文化の視点から見たり、歴史的な視点からも見ることが可能になる。高等学校では鑑賞の経験や知識の増加とともに、日本の美術の歴史と表現の特質、時代や民族、風土や宗教などによる表現の相違や共通性という視点から文化相対的な見方もできるようになる。

思考の特性

●小学校

低学年では作品を直感的にとらえたり、主観的に考えたりする。自分との関係だけで作品を考える。学年が進むにつれ、深く考えたり見方を広げて客観的に考えたり、抽象的な思考もできるようになる。

●中学校～高等学校

象徴や比喩などに理解を示し、作品を深く掘り下げて考えることができるようになる。また、作品をさまざまな視点から分析的に見て解釈することも可能になる。人間としての生き方について考えたり、自己を見つめ、自己のあり方について思考するようになってくることから、作品についても「なぜ自分はそのように考えるのか」と省察的に解釈するようにもなる。

見る態度と感性の特性

●小学校

低学年から高学年へと進むにつれて、作品を進んで見て、対象からおもしろさをとらえることからよさをとらえること、美しさをとらえることへと感性の働きが育つようになる。

●中学校

感性をさらに働かせて、多様な作品を鑑賞することに関心をもち、見方や感じ方を広げてより深く味わうことができるようになる。思考力をより働かせて自分の価値意識をもてるようになるのもこの時期である。

●高等学校

作家や作品に関することを主体的に調べたりして見方をより深め、自分の見方を省察するような態度が育つ。

表現力の特性

●小学校

低学年から高学年へと進むにつれて、自分の考えを話す力や、話し合って共通点や違いを理解する力、話し合ったことをもとに自分なりにまとめて書く力などが身についてくる。

●中学校

自分の価値意識をもつとともに意見の根拠を明確にして批評し合うことや、多角的に見ることができるようになる。

●高等学校

さまざまな意見を俯瞰して意見分布を把握したり、自己の見方を省察したり、作品についての知識や情報を調べるなどして、総合的に鑑賞をまとめて表現することが可能になる。

になり、学習課題が設定できる。美術の鑑賞に関わる発達段階には、図7に示すように見方の特性、思考の特性、見る態度と感性の特性、表現力の特性などがある。学習指導要領解説にある記述も参照するとともに、生徒の実態を見据えてとらえることが大切である。

3｜シミュレーション

シミュレーションとは、教材研究のうちの教材解釈を意味する。教育者としての立場から、作品の教材としての価値を見極め、授業の展開を予測し、計画をつくることである。同時に、作品についての基礎的な情報（技法や美術史的知識など）を調べ、自分なりに整理しておくことも教材研究として欠かせないことである。

シミュレーションは、生徒が作品をどのように見るだろうかということを考えながら行う。これから授業を行う学級の子どもたちの顔を思い浮かべて具体的に考えることが大切だ。

学校の先生は、美術館のスタッフとは違い、学級という固定された集団を相手にしている。一人ひとりの生徒の特徴、この子はおとなしいのか目立ちたがり屋なのか、よく発表するのは誰なのか、ユニークな考え方をするのは誰なのかなど、個々の性格から考え方のタイプまでお見通しだと思う。

作品の解釈は詩の解釈に似ている。詩の解釈には読む人の興味や関心から、思想や心情、人生観までが反映される。同じように、美術鑑賞にはその子の特性が表れる。一人ひとりが作品

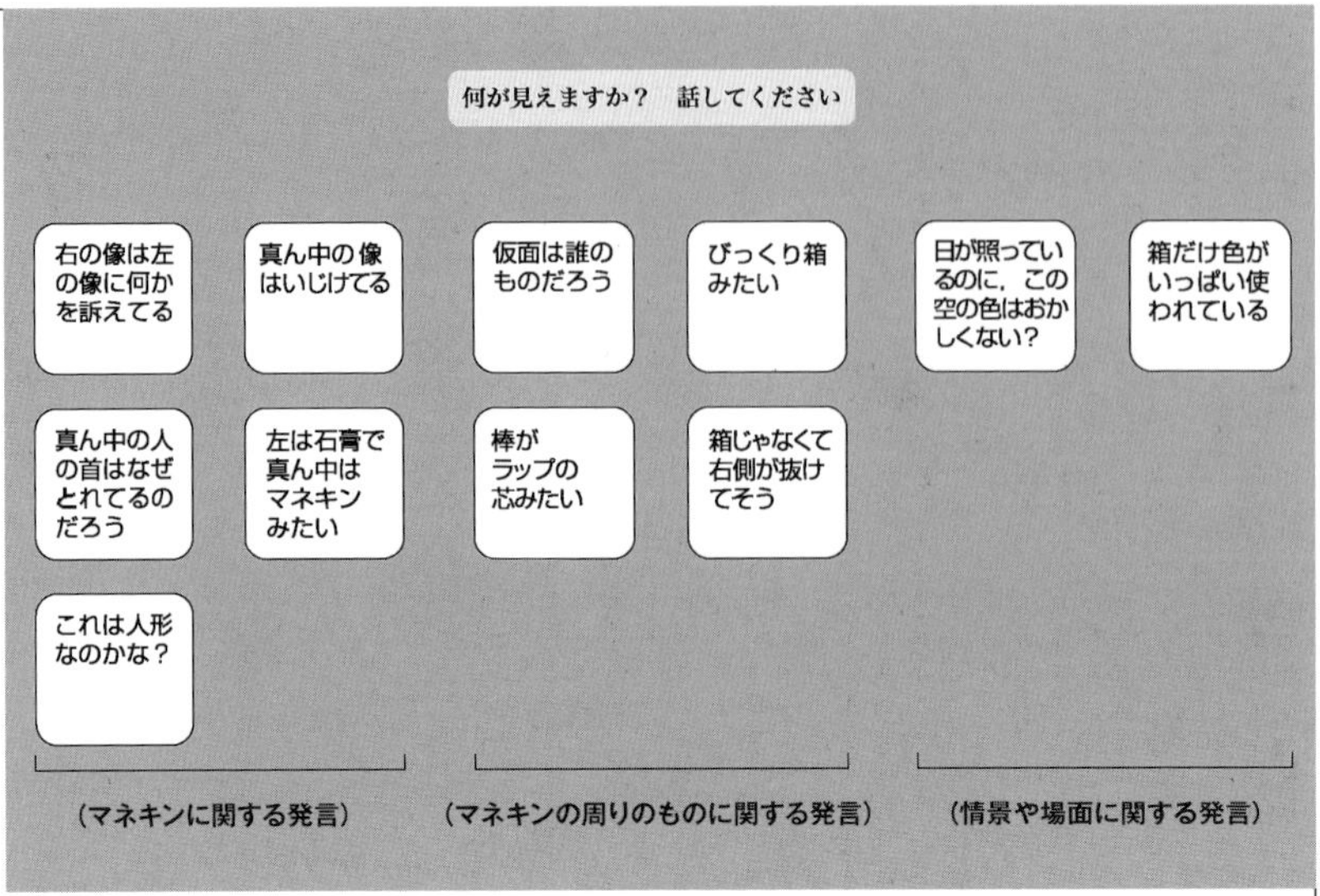
何が見えますか？　話してください
右の像は左の像に何かを訴えてる
真ん中の人の首はなぜとれてるのだろう
これは人形なのかな？
真ん中の像はいじけてる
左は石膏で真ん中はマネキンみたい
仮面は誰のものだろう
棒がラップの芯みたい
びっくり箱みたい
箱じゃなくて右側が抜けてそう
日が照っているのに，この空の色はおかしくない？
箱だけ色がいっぱい使われている
（マネキンに関する発言）
（マネキンの周りのものに関する発言）
（情景や場面に関する発言）

3. いくつかの入り口を想定し、そのあとの流れを頭の中で模擬演習する

⑥分類の枠組みを対話の入り口と考えて、そのあとの流れを想定する。入り口の数だけ流れは生まれる。

※シミュレーションでは、まず複線型の授業展開を考える。これは指導案の「本時の展開」での「学習活動」につながる。

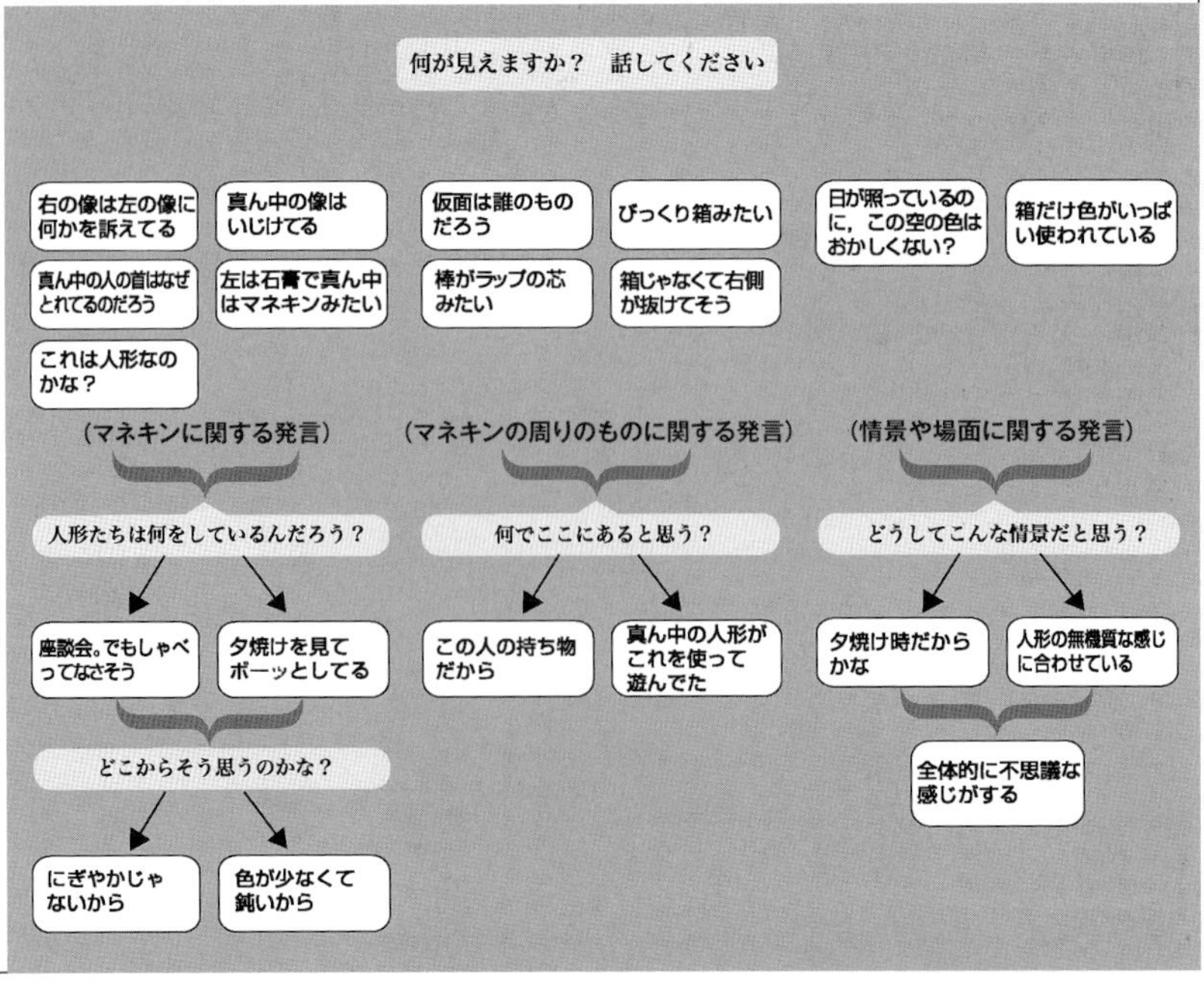
何が見えますか？　話してください
右の像は左の像に何かを訴えてる
真ん中の像はいじけてる
真ん中の人の首はなぜとれてるのだろう
左は石膏で真ん中はマネキンみたい
これは人形なのかな？
仮面は誰のものだろう
びっくり箱みたい
棒がラップの芯みたい
箱じゃなくて右側が抜けてそう
日が照っているのに，この空の色はおかしくない？
箱だけ色がいっぱい使われている
（マネキンに関する発言）
（マネキンの周りのものに関する発言）
（情景や場面に関する発言）
人形たちは何をしているんだろう？
座談会。でもしゃべってなさそう
夕焼けを見てボーッとしてる
どこからそう思うのかな？
にぎやかじゃないから
色が少なくて鈍いから
何でここにあると思う？
この人の持ち物だから
真ん中の人形がこれを使って遊んでた
どうしてこんな情景だと思う？
夕焼け時だからかな
人形の無機質な感じに合わせている
全体的に不思議な感じがする

シミュレーションの具体的な方法

1. 児童・生徒の見方をもとにした教材解釈

①授業で使う作品の写真を用意し、紙の真ん中に貼る。
②作品を見ながら、児童・生徒の発言を予測する。
③学級の子どもの顔を思い浮かべながら、あの子ならどんなことを言うだろうかと思い巡らし、思いついた発言を作品の写真の周りにメモしていく。

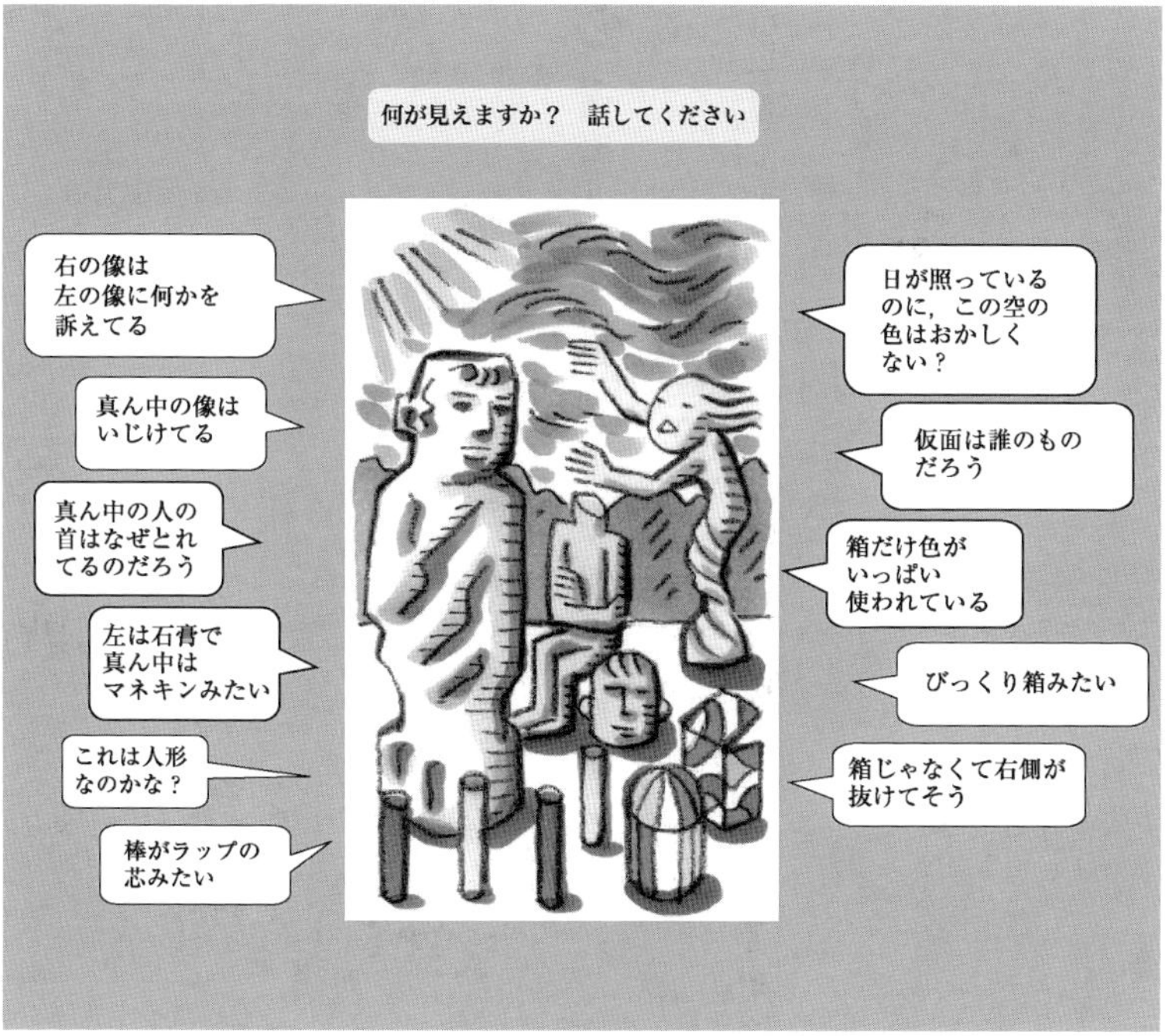
何が見えますか？　話してください
右の像は左の像に何かを訴えてる
真ん中の像はいじけてる
真ん中の人の首はなぜとれてるのだろう
左は石膏で真ん中はマネキンみたい
これは人形なのかな？
棒がラップの芯みたい
日が照っているのに，この空の色はおかしくない？
仮面は誰のものだろう
箱だけ色がいっぱい使われている
びっくり箱みたい
箱じゃなくて右側が抜けてそう

2. さまざまな視点から作品を見る

④発言の予想は思いつく限り書き出す。同じものを見ても、受け止め方が違うはず。柔軟に考える。
⑤発言を分類する。人物についての発言、背景についての発言などと描写対象ごとに分けるとよいだろう。

※これは指導案の「本時の展開」における「予想される活動(発言)」につながる。

と出会ったときに発する言葉を想像してみよう。

空想好きなAくんなら、この作品を見てどんなお話をしてくれるだろうか。Bさんは観察が鋭いから、この隅っこに描かれたものに気づくに違いない。Cくんは形や色の象徴的な意味を探る傾向が強い。Dさんなら……、という具合に。

学級全体としての集団の特質までも分かってくると、授業をする前から対話の展開がおおよそ見えてくることもある。対話を学習活動ととらえ、作品に対する児童・生徒の反応・発言を予測することと、それを先生がどう受け止め、授業を進めていくかを事前に考えておくこと。これらをまとめることを私はシミュレーションと呼んでいる。

これまで美術鑑賞授業の教材解釈は、効果的な作品解説を行うための作品に関する情報収集、つまり美術史的な知識や識者による作品解説を準備することが中心であったように思う。しかし対話による美術鑑賞では、生徒がこの作品についてどんな感想をもつか、作品の何に興味を示すかを調べることが教材解釈の中心になる。

ときに先生は、生徒がみんな下校したあとの教室で、授業の予行演習をすることがある。誰もいない教室で、次にする授業をひとりで演じてみるのだ。

「絵を見て気づいたことを話してください」とひとりでつぶやき、まるでそこに生徒がいるかのように、「ああ、いまのはいい意見だね」などと授業を自作自演する。まったくの一人芝居であるが、これを教育界では空《から》授業と呼んできた。一種のイメージ・トレーニングともいえるこの空授業を通して、先生は実際の授業を疑似体験し、より良い指導を考えていく。また、疑似体験を通して、うまく授業を進行させているいい状態の自分を心に描くことができるのだ。シミュレーションも慣れてくれば、頭の中だけですることも可能になる。シミュレーションをもとに学校では指導案を、美術館ではプログラムをつくることになる。

4 ― 環境設計

授業を教室で行う場合、作品のデジタル画像を使うときには注意が必要だ。パソコンとプロジェクターとスクリーンを用意し、机と椅子は次頁図8のイラストのように配置する。スクリーンは大きいに越したことはない。明るさについては、真っ暗にすると生徒の顔が見えにくくなり、これはまずい。対話は言葉による情報のやり取りだけではない。言葉の速さや抑揚などはもちろん、話すときの表情やしぐさ、息づかいなど非言語的なふるまいの果たす役割が大きいからだ。

スクリーンに近い方は暗くして、後ろの側面から明かりが入るような環境設計を工夫してみてほしい。

〈複製を使用する際の注意〉

学校の授業では、作品がプロジェクターで映写されることを考慮に入れる必要がある。明暗差の少ない作品や、極端に細密なものは避けるのが無難だ。

たとえば淡彩の作品は、光量の弱いプロジェクターや明るい部屋でははっきりと映らない。とはいえ教室を真っ暗にすると、前述したように、お互いの顔が見えにくくなり、表情が分からないため対話に活気が薄れる。細密な作品は、拡大するにも限界があるため、細部に意味がある場合見過ごしてしまいがちだ。実物を見ればはっきり分かるものを、映像であるがゆえにあれこれと推察することに、あまり教育的な意義は認められない。

見る角度や場所が重要な意味をもつ彫刻や立体作品、インスタレーションなどは教室で映像として見せるには不向きである。表現との関連やほかのねらいとの関連からどうしても見せる必要があるときは、大きさや材質、設置されている場所などの情報が分かるようにする配慮が必要だろう。

■図8｜教室での配置

2章

授業の進め方

対話による美術鑑賞の授業は次の3ステップで進める。

STEP 1　心構えと授業の始め方
STEP 2　ナビゲーションとリレーション
STEP 3　評価と改善

この3ステップは、PLAN⇩DO⇩CHECK⇩ACTIONのPDCAサイクルにも沿っている。

PLAN　授業の目標を設定し、作品を選定し、シミュレーションを行う。
DO　ナビゲーションとリレーションを活用して授業を実践する。
CHECK　授業が終わったらチェック表で自己評価する。

ACTION　改善点を明確にし、次の授業に臨む。

学校と連携した授業で美術館スタッフが生徒を相手に授業をすることも見受けられるが、本書第二部では生徒に対して授業を行う人をすべて先生と表記している。

STEP 1　心構えと授業の始め方

① まず三つの原理を知ろう

対話による美術鑑賞を行う先生に求められるのは、特定の知識や解釈に効率良く導くテクニックではなく、生徒から思いや考えを引き出し、それらを結びつけ、まとめる力である。先生は、集団を率いて対話を先導するリーダーとしてではなく、意見を引き出しまとめていく司会者としての役割を担わなければならない。

対話による美術鑑賞は次の三つの原理に基づいている。

[受容] 発言を受容すること
[交流] 発言から対話を組織化すること
[統合] 発言の向上的変容を促すこと

「受容」「交流」「統合」、この三つを常に心がけて授業を行う。成功の第一歩は、権威を捨てることである。教える者と学ぶ者という関係ではなく、同じ人間としての対等の関係を実感し、心の響き合いをもつように努力することが肝心だ。

生徒よりも先生の方が知識をもっているのは当然のこと。美術館学芸員なら生徒が及びもつかない高度で専門的な知識をもっている。しかし、そうした知識をいったん棚に上げ、生徒と同じ土俵に立って美術作品の意味を考えようという態度で授業に臨みたい。

〈受容〉 発言を受容すること〉

[受容] とは生徒の発言を共感的に受け止める態度を指す。仮に生徒が言ったことが奇妙であったり、的外れであったりしても「それはちょっとおかしいですね」とか「いや、そういうふうには考えない方が……」などと返してしまうと話にならない。すぐに彼らは何も言わなくなってしまうだろう。

一人ひとりの意見を共感的に受け止めて、その考えや気持ちを理解しようと努め、生徒全員の発言を促すこと。これが対話による美術鑑賞の心構えの基本中の基本だ。

発言した人と同じ立場に立とうとし、同じ視線で作品を見ることによって、彼らの意見が真に理解できるようになる。このことは、心理学者であるカール・ロジャーズのカウンセリングについての考え方にも関連している。カウンセリングは相手が心を閉ざしたままではうまくいかない。相談者が悩みや葛藤を素直に語れるようにカウンセラーは心がけるが、その根本にあるのが受容という態度である。対話による美術鑑賞でも同じことがいえる。生徒が心を開いて語れるように心がける必要がある。

その根底には、生徒への強い信頼がなければならない。生徒の発言に対して本当に興味をもって聞かない限り、授業はうまくいかないだろう。

生徒一人ひとりを有能な存在として尊重する態度が求められる。彼らの可能性を信じ、畏敬の念をもつことだ。彼らの感じ方や考え方をありのまま受け止め、共感的に理解しようとすること、彼らの分かろうとする意欲を大切にすること、そして生徒とともに考え、歩もうとする態度が**［受容］**の根本である。

〈交流〉 発言から対話を組織化すること〉

対話による美術鑑賞では、美術作品の意味や価値を解説するのでなく、質問を投げかけて生徒に思考と対話を促す。作品の意味はその場でつくり上げられるのであり、その主役は生徒だ。

作品の見方は一人ひとり違う。その思いは個々の心の中に秘められている限り共有されることはない。個々の解釈を述べ合い、情報を交流し合う対話を通してこそ共有されるのである。発言による［**交流**］によって、ひとつの作品に対するさまざまな見方と解釈の可能性を知ることができる。

自分の見方と他者の見方の共通する部分と違う部分が分かり、自分の解釈を相対化していくことができる。その結果として、美術の解釈に対する固定化された観念が打ち破られていくのである。

先生の役目は、このような意義深い対話を組織化していくことにある。対話とは一人ひとりが自分の考えを語り、それを互いに受け止め合う中で、美術作品の意味や価値、おもしろさを発見し、それを味わいながら世界をとらえ直す経験の場なのである。

〈**統合**〉 発言の向上的変容を促すこと〉

自分の解釈（価値意識）と相手の解釈（価値意識）を比べ、吟味し、より良い解釈（価値意識）をつくり上げることも重要なねらいだ。先生には、生徒各自が自分の解釈を述べ合うだけでなく、それらを［**統合**］し向上的に変容させていくこと、そしてまとめることが求められる。

最も避けなければならないことは、対話の流れとは関係のない知識をもち出してしまうことである。さんざん生徒に意見を言わせたあと、「実はね、この作品は……」という具合にいかにもそれが正解であるかのように解説することは最も避けなければならない。

まとめは、教科書や専門書に載っている作品の意味や解釈を紹介することではない。そのようなことをすれば、何のために対話をしたのか分からなくなってしまう。

授業というのは不思議な行為だ。生徒よりも先生の方が物事をよく知っているのに、そのよく知っている人がよく知らない人に質問をする。「どう思いますか」「なぜこうなるのでしょう」という具合に。

先生が質問をし、生徒が考えたことを答えて、最後に先生が「これが正解です」と答えを出す。このような形式の授業を続けていると、生徒は「先生は何でも知っている人」だと思い込んでしまうだろう。授業の答えは先生が知っているはずだと思うようになる。そうすると授業は答えを当てるゲームになってしまう。自分の考えた意見は言うけれども、「これで合っている？」「先生、答えはこれでしょう？」という意識で答えるようになる。これでは自律的な学習者は育たない。

学校の授業としての対話、つまり学習としての対話は、作品を見て楽しくおしゃべりするだけのエンターテイメントではない。学習の成果として、何が話し合われ、何が共有され、結果は何かを示すことが学習のまとめとして最も大切なことだ。

生徒が作品に対して関心をもったこと、話題としたことを中心に解釈を掘り下げていく。先生は話題の広がりと深まりに応じて、そのつど授業を水路づけし、生徒から出た発言、言葉をもとにして作品の解釈をまとめるのである。

意味はその時その場で即興的に生まれるのであって、同じ作品を鑑賞しても、その時その場に応じて対話の内容は変わり、二度と同じ内容の授業はできない。まとめは授業の足跡といってもいいだろう。

中学校以降で美術史的な理解が学習課題として加わる授業の場合も同様だ。生徒の見方や関心、発言内容を見極めて、それらに関連付けて知識や情報を与えたり、まとめたりすることが大切である。

② 授業の始め方

1 アイスブレーキングで緊張をほぐす

授業を始めるにあたってまず配慮したいのは、話しやすい状況をつくり出すことだ。場の雰囲気を和らげ、子どもたちをリラックスさせてほしい。

この授業形式に慣れていない子どもたちに、いきなり「では授業を始めます。さあ、作品を見てください。自由に発表してください」と始めても、戸惑い身構えてしまってうまくいかないだろう。とりわけ多感な中学生を相手にするときは、「みんなで絵を見ることの楽しさを味わう授業です。一人ひとりの感じ方や考え方の違いがきっと出てくるでしょう。それはお互いを理解するのに大切なことです」というように、授業の意義を簡単に説明するといいだろう。

また、美術館で授業する場合はなおさら注意が必要である。来たこともない静謐な場所、天井が高く白い壁に包まれた非日常的な空間に入れられた子どもに、自由に話せと言う方が無理だろう。まずは、場を整え、子どもたちの緊張をほぐすことを第一に心がけたい。

アイスブレーキングはそのための重要なステップである。アイスブレーキングとは、集団の緊張をほぐし、物事に和やかに取りかかれるようにするための手法を指す。

学校連携授業などで美術館スタッフが初対面の生徒を相手にしなければならない場合は、さらに工夫が必要である。たとえばアートカードを使ったゲームをするなどして、集団の緊張をほぐすとともに美術作品を見ることへの意欲づけを行うことも考えられる。生徒との信頼関係を築くことを最優先に考えてほしい。

メトロポリタン美術館で教育担当を務めたニコラス・ルオッコ（Nicholas Ruocco）は、最初に簡単な質問をして相手のことを知ろうとすれば、相手も同じようにガイド・スタッフのことを知り、そこに信頼関係を築くことができるという。限られた時間内でいかに多くの人々を効果的に対話に巻き込んでいくかは、エデュケーターの責任でもあると説いている。

学校の先生方にとっては、これはちょっとした心がけであって、そんなに難しく考える必要はない。毎日行っているように、まず先生の方から語りかけ生徒の自由な発話を促すことだ。簡単な質問をしたり、みんなが共有できることを話題にするなどして、対話のウォーミングアップをすればよい。

「朝すごい雨だったよね」「運動会の練習うまくいってる？」という程度の話題で口火を切る。しばし談笑のあと、「今日は絵を見て話し合う授業をします。見て思ったことや考えたことを発表してください」というように授業を始める。

学校の先生ならお気づきのように、ふだんから発言をし合う授業が各教科で行われているなら、事は簡単だ。話しやすい状況はふだんの授業から、学級経営から生まれることを心に留めておいていただきたい。

2　ポジショニングを工夫する

自分と相手との位置関係つまりポジショニングによって、対話の雰囲気や話しやすさが変わってくる。日常の体験から、相手と向き合って話すよりも横に並ぶ方が話しやすいことに気づいている人も多いのではないだろうか。

ある調査では、真正面の位置に比べると横並びの位置や九〇度で向き合う位置の方が会話量が増すという結果が出ている[★1]。対話による美術鑑賞においても、ポジショニングの問題は無視できない。先生の立ち位置について考えてみよう。

学校の教室内で行われる授業は、基本的に図9のポジショニングがとられている。教室の前面に黒板があり、生徒の机は黒板に正対して並べられている。先生は黒板を背にして立ち、生徒に向き合う。こういうポジショニングが授業では一般的だ。

黒板を背に先生が立ち、対面している生徒たちに教えるというポジショニングは、一定の知識を効率的に教えるのに適している。

それに対して会議やワークショップなどでは、図10のように全員がお互いの顔が見えるように座る。国際的な会議などで円卓を囲む光景はよく見かけるだろう。何かを教えてもらうときと、みんなで知恵を出し合うときとでは、ポジショニングが違うことを私たちは経験的に知っている。

［★1］伊東明『「聞く技術」が人を動かす』光文社、二〇〇三年、一二〇頁

■図9

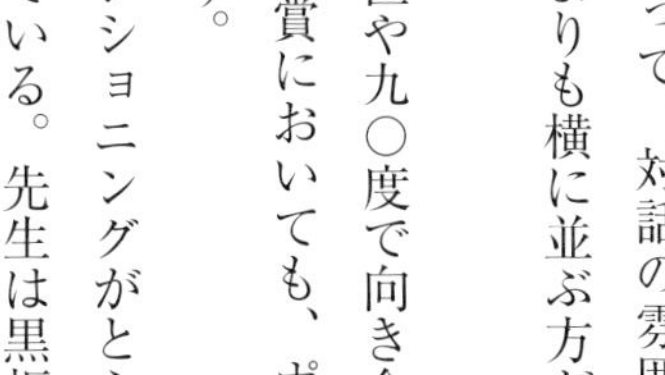

■図10

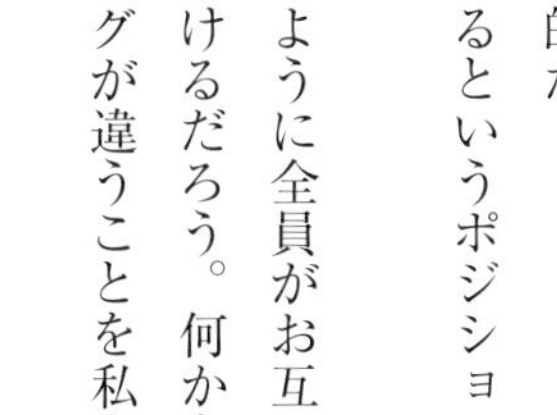

対話による美術鑑賞では対話がしやすいように、生徒全員が作品を囲むように半円形にポジショニングすることが望ましい。そして、できれば立って話すよりも座って話すのが望ましい。座ることは、人をよりリラックスさせる。生徒が半円形に座ったら、先生もその中に入って座る。これは、先生も授業をする集団の一員ですよ、という意思表示を暗黙のうちに行っている効果がある。

3　約束の提示

対話による美術鑑賞を初めて行うときには、この学習課題や特徴について次のように説明しよう。

> この授業には正解はありません。いい意見やおもしろい見方はありますが、間違った意見や、変な見方はありません。作品を見て自分が感じたことや考えたことを発表し合いましょう。

そのあとに次のような授業の約束を示す。

一　しっかり見る
二　よく考える
三　手を挙げて、考えたことと感じたことを大きな声で話す
四　ほかの人の発言をしっかりと聞く

これは小学校低学年の児童に示す場合の一例だ。これを基本として年長の学年や中学校や高等学校では、それぞれの発達段階に応じて約束の言葉をアレンジして示す。自意識の強まる中学生の場合には、学級の実態に合わせて「こういうことを言えば注目されるだろうというような受けをねらう発言は控えましょう」という指示もときには必要になる。約束を紙に書いて見せたり、掲示したりするのもよい手立てだ。

また、理科や数学の授業などでも話し合う学習を日常的に経験している学級の生徒は、話し合いを法則や定理などの「正解」を見つけるための手続きととらえがちである。誰の意見が正しいのかという視点で話し合ったり、意見のつぶし合いに終始したりする授業も見受けられる。そんな場合には、もう一度この学習課題と特徴を繰り返し、他者の意見を尊重することや、意見の交流から学ぶように助言をすることが大切である。

「話す」「聞く」に関する事項は、国語科の内容や目標として示されているが、これは学校教育全般に通じることでもあり、美術の授業においても関連付けて指導する必要がある。生徒の

発達段階に応じた指導を心がけたい。

4　最初の質問

授業が始まったら作品を少なくとも三〇秒ぐらい見せるようにしていただきたい。

先生にとっては見慣れた作品であっても、生徒にとっては初めて見る作品であることを忘れてしまいがちだ。せめて三〇秒から一分程度はじっくりと作品を観察し、探索する時間を与える必要がある。

作品を見て気がついたことを話してください。

基本的にはどのような作品であっても、この質問で始める。回数を重ねれば、生徒もこの質問の意味を自然と理解するようになる。この問いかけの趣旨に沿った言い方であれば、発達の段階に合わせた言い方に変えても差し支えない。また、作品の傾向によって、初めの質問を考えることもある。

見た瞬間に「えっ！　いったい何これは？」「ヘンなの！」と衝撃を受けるような作品であれば「何が見えますか？　お話ししてください」というような質問をすればよい。

5　十分に待つ

問いかけをして、すぐに期待したような反応が返ってくることはむしろ稀なことだ。初めの問いかけに対しては、しばし沈黙が続くだろう。それが当たり前だと心得ておけば、気が楽になる。

ところが先生にとって、沈黙ほど怖いものはない。このまま誰も何も言い出さないのではないか、この沈黙がずっと続いたらどうしようと不安に駆られる。そこで不慣れな先生は、「では、そこの人、意見を言ってください」と突然指名したり、「何が見えているかというと……、この人の顔つきなんかずいぶん変わっていますよね」などと自分で語り出したりする。待つことができなかったのだ。ずいぶん沈黙が続いたように感じたとしても、実際はそれほど時間が経っていないものである。

生徒にしてみれば、沈黙は考えている時間でもある。あるいは、意見はあるが発言しようかどうか様子をうかがっているのかもしれない。それなのに先生があわてて質問を変えたり、自分がしゃべり出したりすると、授業の流れを乱してしまう。

沈黙が続いても、じっくりと待ってみよう。そのうちに生徒の中からささやきが漏れてくる。「これって……」「何だか……」というようにつぶやいたり、じっと作品を凝視したり、首をかしげたり、うなずいたりなどのさまざまな反応に注目してみよう。

つぶやいている子どもがいれば、「いま声が聞こえましたが、みんなに聞こえるようにお願いします」と指名する。作品を凝視して首をかしげたり、うなずいたりしている子どもがいれば、「何か気づきましたか?」と尋ねてみる。

生徒の反応を見ながら、頃合いを見て発言を促すことが大切である。

特に目が合う子どもは有望だ。本当は言いたいのに、周りの空気を察して発言を控えていることが多いからだ。アイコンタクトして目が合う子には、「じゃあ、言ってもらっていいかな」と尋ねて発言を促すといいだろう。

6 最初の発言

このようにしてようやく出てきた最初の発言は勇気のある発言である。最初の発言は必ず褒めることを忘れないようにしたい。**うなずきながら受け止め、良いところを見つけて褒めてあげよう**。たとえ単純に思える答えであっても、ここはたっぷり褒めてあげることが大切だ。おとなにとっては単純なことでも、その子にとっては見たことのすべてだ。決して軽く扱ってはいけない。

「あぁ、ほんとだ。Aくんの言う通りだ。そう見えるよね。なるほど!」と褒めれば、その子は褒められたことを喜び、発言したことの満足感を感じるに違いない。そして、もっとしっかりと見つめ、考えることだろう。周りの子どもたちも「あんなふうに言えばいいのか」と授業の形式を理解し、次の発言が促されるようになる。

せっかく発言したのに先生の反応が「はい。ほかには?」と気のない態度であったり、否定

望ましい声のかけ方
（しばらく考える時間を与えて…）

誤った声のかけ方
（間を置かず突然…）

的だったりしたらどうだろう。発言した子どもががっかりするのはもちろんのこと、ほかの子どもも発言しにくい雰囲気になるに違いない。最初の発言に対する先生の称賛は、発言者だけでなく学級全体に向けられたメッセージであることを心得ておきたい。

STEP 2 ナビゲーションとリレーション

三つに分類できる先生の言語活動

生徒に対する先生の言語活動は、その機能から三つの活動に分類できる。

第一は、生徒全体に投げかける**質問**、**指示**、**説明**である。この三つは授業を進めるうえで欠かすことのできない最も基本的なもので、進行活動という言い方をする。対話による美術鑑賞ではこのような進行活動を、**ナビゲーション**と呼んでいる。

第二は、生徒の意見を明確にし、考え方の共有を推進する**支援**である。

第三は、生徒に対する称賛や励ましで、情意に働きかける**奨励**である。

第二の**支援**と第三の**奨励**は、生徒個々に働きかけ、先生と生徒との信頼を築く活動である。対話による美術鑑賞ではこのような応答活動を、**リレーション**と呼んでいる。

ナビゲーション　生徒全体に投げかける**質問**、**指示**、**説明**などの進行活動
リレーション　生徒個々に働きかけ信頼を築く**支援**、**奨励**などの応答活動

対話は信頼関係がなければ成り立たない。友人や家族など親しい者同士が日常的に行う「会話」と違って、「対話」には知らない者同士が言葉を媒介にして考え方や感じ方の共通点や差異を確認し、相互に理解し合おうとする性格があるからだ。

進行活動である**ナビゲーション**を柱に、個々の発言に対する支援と奨励のきめ細かな**リレーション**の働きによって対話は円滑に展開する。

❶ナビゲーションとは何だろう

ナビゲーションは、質問と指示、説明の三つの活動で構成されている。生徒に何を促すかという機能の面から考えると、この三つには明確な違いがあるのだが、美術の授業ではこれまで十分に意識されてこなかった。違いは次の通りである。

質問　「これは何ですか?」と問いを発し相手に**思考**を促す。
指示　「これをこうしなさい」と相手に**行動**を促す。
説明　「これはこうだ」と相手に**理解**を促す。

いま、生徒に思考を促したいのか、あるいは何らかの行動を促したいのか、もしくは理解を促したいのか。この違いを自覚して、先生は質問、指示、説明を使い分けなければならない。先生が違いを理解していなければ、生徒は混乱する。質問、指示、説明の違いを自覚し、目的によって使い分けて授業を進めることが大切だ。以下、それぞれの役割と使い方を詳述する。

1　質問とは何か

質問は生徒に思考を促す言語活動を指す。生徒は先生の発する問いに沿って作品を凝視し、思考する。自分の目に映る作品世界について思考を促されるのである。

学習者に要求される認知のレベルの違いから、質問は閉じられた質問（closed questions）と開かれた質問（open questions）とに大きく分けられる。閉じられた質問とは事の真理を問うための質問であり、開かれた質問とは多様な意見を聞くための質問である。

二つの違いを説明しよう。

〈閉じられた質問〉

たとえばレオナルド・ダ・ヴィンチの《最後の晩餐》［185頁］の絵を見せて、「何人の人物が描かれていますか?」と質問をすれば、その答えはひとつしかない。真理はひとつであり、答えはひとつに収束する。これが閉じられた質問だ。

答えをアからオの選択肢から選ぶような質問も閉じられた質問である。私たちになじみの深い質問形式であり、大学入試センター試験や各種資格試験、学校で行われる定期テストなど多くのテストに採用されている形式である。

閉じられた質問には、想起を促す質問と適応を促す質問の二つのタイプがある。

花の絵を見せて、「これは何の花ですか?」というような質問をすると、生徒は花の形や色などから自分の記憶を辿って何の花かを考える。このような質問は知識や経験の想起を促すタイプの質問である。

一方、花の絵を見せて、「スミレはどこにありますか?」とか「花が何本描いてありますか?」というような質問をすると、生徒は見つけようと凝視したり、数えたりするだろう。適応を促す質問とは、このように見つける、数えるなどの認知行動を促す質問である。

以上のように答えがひとつに限られたり、「はい」か「いいえ」で終わったりする閉じられた質問は、低次の認知的質問といえる。決定的事項を確認したり、生徒相互の共通理解を図りたい場合には、このような閉じられた質問が有効である。

〈開かれた質問〉

一方、開かれた質問は高次の認知的質問である。この質問に対する答えを学習者自身がつくり出す必要があるため深い思考を要する［★2］。《最後の晩餐》の絵を見せて、「この中に裏切り者のユダがいます。どの人だと思いますか?」と問われれば、生徒は自分の経験や知識を総動員して、さまざまな観点から考えを述べることになるだろう。言うまでもなくレオナルド自身は特定の人物をユダとして描いている。その意味では答えは一つである。しかしその知識がない人にとってそれは謎であり、描写を手がかりにユダを推測しなければならない。その意味で答えは開かれている。答えが解答者のために開かれているので、これを開かれた質問と呼んでいる。

開かれた質問はその性格によって、解釈を促す質問、分析を促す質問、洞察を促す質問などに分けることができる。

解釈を促す質問とは、価値判断や意見を求める質問である。たとえばピカソの《ゲルニカ》を見せて、「どんなことが起こっているでしょう?」と問えば、生徒は描かれている出来事が何であるかを考えることになるだろう。

分析を促す質問とは、動機や原因を考えさせる質問である。《ゲルニカ》に描かれている出来事について意見が出たあと、「どうしてこんなことになったのでしょう?」と原因を聞いたり、「なぜそんなことをしたと思う?」と動機を問うたりする質問がこれにあたる。

また、洞察を促す質問とは「このあと、どうなると思いますか?」と解釈や分析をもとに、

［★2］東洋・中島章夫監修『授業技術講座 基礎技術編第二巻』井上光洋ほか編、ぎょうせい、一九八八年、一三八頁

レオナルド・ダ・ヴィンチ《最後の晩餐》1495-97年、サンタ・マリア・デッレ・グラッツェ教会

瑛九《真昼》1958年、府中市美術館

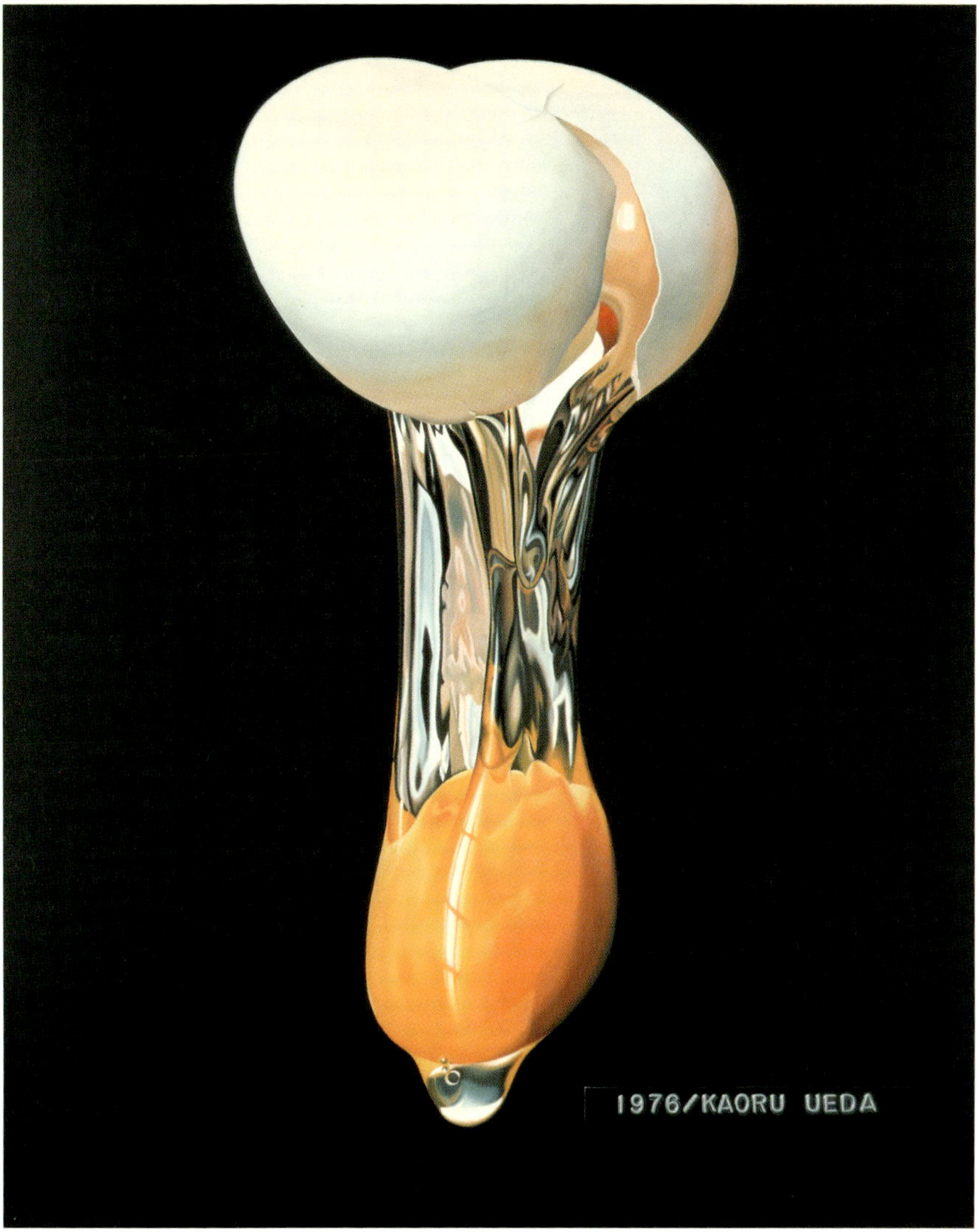

上田薫《なま玉子B》1976年、東京都現代美術館

北脇昇《クォ・ヴァディス》1949年、東京国立近代美術館

アンドリュー・ワイエス《クリスティーナの世界》1948年、ニューヨーク近代美術館

斎藤真一《さすらいの楽師》1979年、岡山県立美術館

マルク・シャガール《旅する人々》1968年、セレ近代美術館

予測や問題解決をさせる質問であり、熟考を要するものである。

開かれた質問は、「どう考えるか」という解釈や、「なぜ」という分析、「どうなるか」という洞察を促し、学習者自身に答えをつくり出させることを目的とする。そのため、生徒に思考を促して多様な意見を生み出し、対話を進めていく美術鑑賞には不可欠な言語活動ということができる。

2 指示とは何か

指示は、「これをこうしなさい」と先生の意思を伝え、生徒に何らかの行動を促す。たとえば「人物の表情に注目してみましょう」というような発言がそれに当たる。生徒は先生の指示に従い、彫像であれば顔の周りを上下左右から眺め、絵であれば目、鼻、口と顔のあらゆる部分に視線を当てることだろう。つまり指示によって作品を見るときの観点が示され、全員がそれに従って作品を見るという行動が促されるのである。

「いまの発言について考えてみましょう」というように意見を焦点化し、対話の流れを方向づけるような指示もある。この場合は、特定の見方や解釈について全員が考えるという行動が促される。このほかにも指示には「ほかの考えはありませんか?」のように発言の多様化を促す指示や、「今度は、先ほどの意見について考えてみましょう」と話題の転換を促す指示などがある。先生には対話の流れを考えながら適切に指示を出すことが求められる。

3　説明とは何か

説明は、「これは○○である」のように先生のもっている情報を伝え、生徒に作品についての理解を促す。これまで学校で行われてきた美術鑑賞の授業のほとんどは、説明を中心とする授業だった。現在、美術館で貸し出されている音声ガイドのコンテンツも説明中心である。

たとえばエドゥアール・マネの《草上の昼食》について、説明中心型の授業を行うとすれば次のようになるだろう。

「《草上の昼食》は画家の最高傑作でありながらサロンでは落選し、下品であるとか淫らであるとかの怒声を浴びせられた問題作です。女性の裸体を描いたことが問題なのでしょうか。いいえ、同時期のカバネルが描いた《ヴィーナスの誕生》は絶賛されています。彼は女神の裸体を描いているからです。それに対してマネはまるでスナップ写真を撮るかのように、現実的な光景を描いたのです。これは当時の道徳観からすると……」

多くの画集や解説書はこのような内容を記述している。生徒は説明を読んだり聞いたりして《草上の昼食》が当時の社会にどのように受け止められたかを知り、この作品の美術史的な位置づけを学ぶのである。

このように作家や作品にまつわること、歴史的な様式の変遷、時代と作家の関係、作品の意義などを説明していくこと、つまり文化として共有された美術の知識を分かりやすく相手に教え伝えることが説明である。

❷ 九つのナビゲーション

以上のような質問、指示、説明の機能別にナビゲーションを整理すると、図11のようにまとめられる［★3］。

ナビゲーションには生徒に思考を促す「質問」と、行動を促す「指示」と、理解を促す「説明」がある。「質問」「指示」「説明」は集団に向けての対話の進行活動であり、対話を円滑にかつ学習課題に沿って効果的に進めることに主たるねらいがある。

1 開かれた質問

詳しくは一八三頁ですでに説明したので、ここでは授業の導入に用いる開かれた質問に絞って説明する。

導入の質問の基本は「作品を見て、気がついたことを話してください」である。これは幅広

■図11｜機能別ナビゲーション

ナビゲーション		言語活動の機能
1	開かれた質問	質問
2	思考のための助言	指示
3	発言の多様化	
4	対話のための焦点化	
5	話題の転換	
6	ゆさぶり	
7	論点の整理	説明
8	解説	
9	まとめ	

［★3］この表は拙著『まなざしの共有』（第一部2章前掲書★12）に掲載したものを加筆修正したものである。

く思考を促すタイプの質問であるため、たいていの作品はこの質問で授業を始めることができる。ただし、生徒からの返答は拡散するので、発言を整理し対話を進行する力量が先生には求められる。

「これは何だろう?」「どんな出来事が起こっているのだろう?」というような解釈を促す開かれた質問から始めてもよい。

描かれたもの、つくられたものが具体的でなかったり、何を意味するのか不明であったりする場合は、「これは何だろう?」と問うのもよい。ものそのものへの解釈が鑑賞の手がかりとなるからだ。絵の中に不明な部分がある場合、抽象作品や現代アートを鑑賞する場合には有効な質問である。

人物や風景がモチーフの作品は見た目が分かりやすいので、視覚情報を確認しただけでなんとなく鑑賞した気持ちになりがちである。深く鑑賞を進めるためには、「どんなことが起こっているのだろう?」と問うことが有効だ。《最後の晩餐》の場面を見ても、「食事中にケンカが起こって真ん中の人がなだめている」とか「何かを議論していて話が盛り上がっている」などと、描かれたものを手がかりにして出来事が推測でき、多様な解釈を検討して鑑賞は深まっていく。ものとことのどちらから、あるいはどちらを質問するかは授業進行の重要な戦略になる。

学習課題によって発問はもっと工夫することができる。たとえば育成する資質・能力が「作者の心情や意図と表現の工夫を考える能力」であり、作品が表している内容や形、色彩、表現方法などからゴッホの人物像や画家としての思想を考えるという学習課題であれば、ゴッホの自画像を見せて「この人は何を考えているのだろう」と同化を促す発問の方法もある。生徒は顔の造作を見て、目の鋭さや結ばれた口元に気づく。それだけでなく色や筆跡の方向、絵の具の塗り方など表現方法からも思いを巡らすに違いない。

2　思考のための助言

思考のための助言は、対話が順調に進んでいるときには必要ではない。しかし、対話が行き詰まった場合や、なかなか意見が出てこない場合などには、考え方の方向性を示すという姿勢で生徒の意見に補足するように助言することが対話の活性化につながる。

瑛九の《真昼》［186頁］を鑑賞した中学一年生が、「街並みに見える。ビルを上から見た感じ」と言ったとき、先生が「ビルを上から見た感じで街並みに見えるって言ったけど、みんなもそう見えるかな?」という返答をした。このような返答が思考のための助言である。

具体的なものが描かれていない絵や非具象的な彫刻の場合は、その特徴をとらえてイメージすることが鑑賞の手立てとなる。瑛九の《真昼》も色の点の集まりで、具体的な形は何も描かれていない。考える手がかりが希薄で、意見も活発には出てこない作品である。発言した生徒は、視点を変えてこの絵を俯瞰しているように見た。すると絵はビル街に見えたというのである。「みんなもそう見えるかな?」という先生の返答は、視点を変えて見ようという指示を含んでいる。

この助言のあと生徒たちは「スーパーの安売りで人が殺到している」とか「吸い込まれてい

くような感じ」などと、俯瞰する視点で絵を見始めた。

思考のための助言は生徒の発言に即して行うもので、先生の方から一方的に示すものではない。誘導的にならず自然な流れで行うようにしたい。

3　発言の多様化

授業の導入段階では、できるだけたくさんの生徒に意見を言ってもらうこと、いろんな意見を出してもらうことが大切なので、**発言の多様化**を求める指示を出す。具体的には「ほかにどのようなものがありますか?」「違う見方や考え方はありませんか?」などである。

導入段階では、ひとつの意見を掘り下げたり、ひとつの見方に絞り込んだりしてはいけない。たとえ核心に迫るような良い意見が対話の最初の段階で出てきたとしても、その意見に飛びついてはいけない。なぜだろうか?

作品のどこに惹かれるかは人それぞれである。色に惹かれる人、描かれたものや形に惹かれる人。惹かれる色もさまざまだし、惹かれる形もさまざまだ。作品からメッセージを感じ取る人もいれば、作品の表面的な観察にとどまる人もいる。

対話の始まりでは、生徒はこのようにさまざまな立場から作品を見ている。そのような段階で鋭い意見を掘り下げたとしても、その話題についていける生徒は少ない。ついていけない生徒は対話から置き去りにされてしまうことになるからだ。

学習課題が「形や色彩に視点を置いて鑑賞し」などと色や形に関することが入っているの

に、その類いの意見が出てこないときには、視点と意見の多様化を図るように指示する必要がある。「色については意見が出ましたが、形についてはどうでしょう」という具合に。

4　対話のための焦点化

対話のための焦点化は「今の発言について考えてみよう」「○○さんの意見について考えてみよう」というように指示する。いくつかの意見が出たところで簡単に分類する。分類ごとに順に焦点化していくのもひとつの方法だ。「いま三通りの意見が出ていますね。ではまずひとつ目から考えましょう」という具合に進める。

また、他者の立場に立って考えさせる方法もある。

たとえば、「○○さんの意見の続きを考えよう」と指示したり「○○さんがそう考えた理由を考えよう」と指示したりする方法である。いずれの方法ももとの意見を受容し、発言した人の立場に立って考えさせるものであり、そのことを通して多様な考えが付け足されたり、もとの意見に肉付けされたり、別の見方が引き出されたりする。**対話のための焦点化**には、個々の思考の枠を広げ、自分自身の関心と他者のそれとを融合させ、見る視点を共有させる働きがある。

学習課題に即して焦点化を図ることも大切である。対話の進行の具合と授業時間を考えて、最後は学習課題をクリアしていくように授業の舵取りをすることが求められる。

5　話題の転換

対話が膠着したとき、話題が学習課題からずれていったとき、意見に広がりがないときなどには、対話を進行させるために意図的な**話題の転換**を行う必要がある。その際、**話題の転換**は視点を変えるための指示であり、決して先生の思う方向に話題を向けるための手段ではないことに留意しておきたい。

作品に対する生徒の関心が変わり始めるタイミングを見計らい、話題の質的変容を後押しするような指示も**話題の転換**である。その例を紹介しよう。

これは、小学五・六年生の複式学級で行われた授業で、上田薫の《なま玉子B》[187頁]の鑑賞である[★4]。

始まってしばらくは、「トンボの顔に見える」「白身の中に顔が見える」などと見立てを楽しんだり、「窓が映っている」「黄身が殻の中にもうひとつ見える」と絵をしっかりと観察しその描写を読み取ったりしていた。その後、殻が割れて落ちていく卵の中身の運命について話題が焦点化され、子どもたちの関心は次第に卵の中と外、殻の内と外の世界の違いに移っていく。そして、「卵の周りが黒いから、暗い運命と思う」とか「周りが暗いから、料理をしているところじゃないと思う」と、描かれた状況が醸し出す意味を語り始めた。

そこで先生は、「そうか。周りが真っ暗だものね」と繰り返しながら、「**では、殻の中と殻の外は、どんな世界を表していると思いますか？　わたしたちの世界でいうと？**」と、話題を転換したのである。

[★4] 高知県南国市立白木谷小学校高橋可菜氏による授業。『ma.net』号、二〇〇三年、九七頁

子どもたちの関心が絵の描写そのものから、絵が意味するものへ、そして比喩的な意味へと向かい始めたタイミングに出された、実にうまい**話題の転換**であった。

このあとの子どもたちの意見も興味深い。

子ども「殻の中は守られている感じで、殻の外は死ぬ運命」
子ども「そうそう。だから殻の中は天国で、殻の外は地獄。周りは暗いし」
子ども「殻の中は平和で、殻の外は戦争とか、暗い世の中」
子ども「落ちていく黄身は、生存競争で蹴落とされたみたい。世の中は厳しいから」
先生「殻の中にいたら安心というわけね」
子ども「でもいつかは自立していかんといかん」
先生「何からの自立？」
子ども「親とか家とか。だんだんおとなになると……」
先生「すごい！　さすが六年生」

卒業を控えた子どもたちは、まるで自分たちの置かれた状況を語っているかのような発言をしている。絵について考えているうちに、自分のことを語り始めたのだった。

また、話題を戻したい場合にも**話題の転換**の指示を出す。幼い子どもが相手のときなど、鑑賞がきっかけとなって自分の経験を長々と語り出すことがある。それはひと通り聞いてあげなければならないが、次から次へとほかの子どもも語り出すと収拾がつかなくなってしまう。

話題の方向から微妙にずれた意見を言う人ほど話は長い。これをいつまでも放置しておくと核心に触れた対話ができなくなる。こうした状況では、「ちょっと話を戻しましょう」と**話題の転換**の指示を出す必要がある。

6　ゆさぶり

ゆさぶりとは、対話が平穏に進行しているときに、対立する見方や異なる視点を先生が出して熟考を促す行為である。ひとつの見方に全体の考えが引きずられているときなどに、議論の前提となる暗黙の了解の事柄に対する異議申し立てを意味する。

たとえばピカソの《ゲルニカ》の鑑賞のとき、「いま戦争の場面だ、悲しいとか怖いとかひどいとかみんなが言ってるけれど、じゃあこの人たちは誰と戦っているの？」というように、その場の意見の流れに対して、新しい視点を示してもっと深く考えるように促すことである。もうひとつ具体例を示そう。

話題の転換で紹介した事例と同様に上田薫の《なま玉子B》を、小学六年生が鑑賞した授業である[★5]。この授業の冒頭では、作品を写真だと思い込み、卵の割れ方を巡って子どもたちの対話が盛り上がっていた。

「卵の割れ方がおかしい」「包丁で叩いたのでは？」「まだ切れ目が残っているよ」「回して割ったと思う。ハンマーで」と子どもたちから口々に意見が出る中、先生がぽつりと言った。

[★5] 愛媛県野村町立大野ヶ原小学校渡邊勝也氏による授業。『ma.net』一号、二〇〇三年、九〇頁

「何で割ったときの手が描いてないの？」

先生の**ゆさぶり**を受けて、「あ！　手が写ってない！」と子どもたちは声を上げた。割れ方に意識が集中するあまり、卵を持つ手が描かれていないことに気がついていなかったのだ。

ゆさぶりは強力なナビゲーションである。

そのため、ゆさぶりを頻繁に行うと、先生主導の授業に陥り、子どもたちは先生に誘導されることになる。ここぞというポイントでゆさぶりをかけることが大切だ。

7　論点の整理

授業が進行し、多数の意見が出て収拾がつかなくなることがある。そのようなときに先生が論点を整理し対話の進行状況を説明することは、**ナビゲーション**として極めて重要な行為である。意見相互の関係や、意見分布の全体像を説明する。その方法として学校では通常の授業と同様に黒板を活用し、視覚的に整理することも効果的である。

論点の整理の仕方には、**くらべる（対比）**、**つなぐ（結合）**、**わける（分類）**、などがある。

〈くらべる（対比）〉

「Aさんはこう言ったけど、Bさんの意見はこうでした」と、異なる意見を比較して示す。比較することによって作品の見方や考え方のどこが違うのかを全員に検討させ、その判断を促すことができる。同時に、見方の多様性に気づかせることにもなる。

〈つなぐ〈結合〉〉

「Aさんの意見とBさんの意見をつなぐと、……という意見になるね」という具合に、関連する複数の意見をひとつの意見にまとめ上げる。別々の生徒によって出された意見がひとつの意見につながれることで、全員で考えをつくり出すという一体感が生徒の中に生まれてくる。授業の節目ごとに行えば対話の進行具合が整理され、学習効果が高まる。とりわけ対話の進行についていけなくなっている生徒には大きな助けとなる。

〈わける〈分類〉〉

対話が活発に盛り上がってくると、多様な意見で場が混乱してくることがある。そのようなとき、「みなさんの意見を分類すると、三つに分けられますね」と意見を整理するようにする。この際、黒板を利用し図を活用するなどして視覚的に分類すると効果的である。

8　解説

対話の過程で生徒が話題にしていることが、作者の作品に込めた感情や思い、作品が描かれた社会的背景などの核心に迫るような場合がよくある。そのようなときに意見を補足するような情報を提供する**ナビゲーション**が**解説**である。対話による美術鑑賞は情報提供を否定しているわけではない。しかし、なんでも情報を解説すればよいというわけではなく、生徒の発達段階や学習課題に応じて提供する情報の絞り込みをする必要がある。

一九三頁のマネ《草上の昼食》の説明を例にとって比較してみよう。

「みなさんの意見をまとめると、この女性たちは男性たちの姉妹で、これから後ろの池で水浴するところだということですね。冷房もなかった昔の生活では、暑いときに裸になったり水浴したりしていたのではないか、というのはおもしろい見方です。（ここから解説に入る）でもそのような場面を絵に描くということは、どういうことなのでしょう。当時の人々にとってこの絵は衝撃的なものでした。すぐ身近にいるような人が裸で描かれるなんてことは、考えられないことだったのです。これは当時の道徳観からすると……」

このような具合に解説を行う。作品や作家に関する説明を対話の流れに関係なく語るのではなく、第一部で紹介したグッゲンハイム美術館のシャロンの例のように、対話の中で出てきた意見や話題に即して情報を提供するという手法をとることが大切だ。

9　まとめ

〈対話の途中で小刻みにまとめていく〉

まとめは授業の最後だけではない。授業開始時は自由に発言させるが、対話の途中で小刻みに**まとめ**をしていく必要がある。授業開始からしばらくして、いくつかの意見が出てきた時点で、それまでの発言を振り返り簡単にまとめる。これを**小まとめ**と呼んでいる。**小まとめ**の効果は絶大だ。バラバラに出てきた意見を先生がまとめて示すことによって、子どもの頭の中が整理される。聞き逃した意見が分かったり、意見同士のつながりを意識したりするようになる。授業の導入部分での小まとめは、いま何が話し合われようとしているのかを全員に確認させることであり、全員を同じ土俵に乗せる効果がある。

〈黒板を使う〉

意見の分布やまとめをするときは、通常の授業のように黒板を使ってもよい。このように述べると、美術館でのギャラリー・トークを経験された方は、驚かれることだろう。美術館と学校とでは鑑賞する環境が違うから、そんなところまでそっくりまねる必要はないのだ。むしろ学校では、黒板を使わないことの弊害を考えた方がよいだろう。

国語の時間に黒板をいっさい使わずに文学作品の読解を行うことなどありえない。さまざまな意見の共通性や違い、視点の多様性を書き示し、そしてまとめに至る板書《ばんしょ》と呼ばれる教育的な手立ては、対話による美術鑑賞の授業においても有効でこそあれ、マイナスになるわけはないのである。対話のリズムを著しく損なわない限り、子どもたちの実態に合うのなら、板書はむしろ有効な手立てのひとつとして授業に取り入れたい。

まとめとは対話の過程で出てきた意見をつなぎ合わせ、見方や考え方を整理したり統合したりする活動である。相手が幼い子どもの場合は、「いろいろな意見が言えてよかったね。絵を見るって楽しいね」というようなまとめで概ね問題はないはずだ。しかし年長になるとこのようなまとめではいけない。発達段階と育成する資質・能力のクロスで設定された学習課題に即して、まとめを行うことが大切である。

たとえば中学一年生の鑑賞授業で、「日本の美術の文化遺産を鑑賞し、受け継がれてきた美意識や技術、創造的精神などを感じ取り、考える」ことが学習課題であったとしよう。

その場合は、たとえば日本の伝統的な複数の美術作品を鑑賞し、実感的に「日本的な感じ」などのイメージをとらえさせることが重要であり、「どのようなところからそう感じたのか」などを話し合わせ、その根拠を明らかにすることになる。授業のまとめでは、話し合われた考え方や根拠について取りまとめ、必要に応じて解説を加えたり調べ学習をさせたりして、生徒が文化の特性などをとらえ、関心を高めていくように心がけさせることが大切である。

❸リレーションとは何だろう

リレーションには、発言の内容をはっきりさせ、共有化を図るための応答活動の「支援」と、発言した相手の気持ちに働きかけて意欲を高める応答活動の「奨励」がある。「支援」「奨励」とも個人に対する応答活動であり、先生と生徒との信頼を築き、考えの共有を図ることに主たるねらいがある。

❹九つのリレーション

「支援」「奨励」は授業成立の鍵を握る活動であり、先生と生徒との信頼を築く基本的な活動である。対話は信頼関係がなければ成り立たない。個々の発言を明確にし、対話の骨格に肉付けをするこれら信頼を築く応答活動をリレーションと呼んでいる。リレーションは機能によって図12のような九つに分類できる。

1　確認

先生が心得ておくべきリレーションの第一は、発言内容を確認することである。生徒が言ったことに対して「いま言っているのはここのことですか?」「こうですか?」と確認することを意識しておきたい。

「いま言っているのはここのことですか?」というのは、発言者が話題にしている部分を示しながら確認することである。絵なら描写の部分、立体なら構造の部分について「ここですか?」と確認する。確認を怠って対話を進行すると、ほかの生徒は話題のポイントが曖昧なまま対話に参加することになる。

確認は、意見を正しく把握すると同時に、参加者全員にその意見に対する注目と確認を促す効果がある。先生だけが発言者の言っていること

■図12｜機能別リレーション

リレーション		言語活動の機能
1	確認	支援
2	繰り返し	
3	言い換え	
4	要約	
5	付け足し	
6	掘り下げ	
7	称賛	奨励
8	同意	
9	励まし	

とを理解すればよいというものではない。ひとりの意見を全体に正しく伝えることが、先生に与えられた役目である。

2　繰り返し

繰り返しは、相手の発言をそのまま文字通り繰り返すことである。また、「いま言ったことって、こういうことだね」という言い方をすれば、確認を含んだ繰り返しになる。

発言した生徒の声が小さいときや、聞き取りにくいときには必ず繰り返す必要がある。生徒の全員が注意深く発言を聞いているわけではない。ほかのことに気をとられている生徒や、隣とひそひそ話をしている生徒もいるに違いない。ひとりの発言を全員に伝えるという意味で繰り返しは大切な応答活動である。

もっとも、発言者の意見を先生が繰り返すという行為の大切さはあまり理解されていない。繰り返しによって対話が活気づいたり、深まっていくわけでもないからだろう。しかし繰り返しは、対話を促すうえで不思議なくらい効果的な働きをする。

発言した生徒の立場に立って繰り返すことの心理的な効果について考えてみよう。繰り返しは先生がその発言を承認し、全体にアピールする行為でもある。したがって発言者は、自分の発言が繰り返されることによって、「先生にきちんと受け止めてもらえた」「自分の言ったことが認められた」というような手応えを感じるものだ。自分の意見が尊重されているという実感を得ると、その人は雄弁に語り始めるだろう。そのためだろうか、繰り返しのあと子どもから自発的に補足説明をしてくれたり、新たなことを言ってくれることが多い。

繰り返しは簡単な応答活動だけれど、とくに相手が幼い子どもの場合は、絶大な効果を発揮する。幼い子どもにとっては絶対的な存在である先生の口から、自分の言った言葉が繰り返されるわけだから、その感動は容易に察することができよう。

受容は対話による美術鑑賞の基礎であるが、繰り返しは最も単純で基本的な受容行為といえる。相手の意見を全面的に受け止めている姿勢が繰り返しとなって表れているのだから。

〈全体を繰り返す〉

繰り返しで大切なことは、生徒の発言を全部そのまま言い返すことだ。まるで鏡に姿を映すかのように、省略をしないで全体を繰り返すのである。これはカウンセリングではミラーリングと呼ばれる行為であり、カウンセラーと相手との間に信頼を生む効果があるとされている。

特定の部分だけを繰り返すことは好ましくない。なぜかというと、発言の任意の部分を取り上げることは、その部分を強調することであり、その部分に注目させて次の発言の方向づけをしてしまう結果に陥るからである。方向づけとはどういうことなのかを説明しよう。

たとえば、北脇昇の《クォ・ヴァディス》［188頁］の鑑賞を例にとってみよう。

「気がついたことをお話ししてください」という問いかけに対して、参加者のひとりから「サラリーマンが砂漠で道に迷っている」という発言があった。このときの先生による二つの応答を比較してみよう。

★対話A

生徒a「サラリーマンが砂漠で道に迷っている」

先生「ああ、この人はサラリーマンなんだ」

生徒a「うん、なんかスーツを着ているし、靴も革靴だし」

生徒b「肩に荷物を掛けている」

生徒c「手に大きな本も持っているよ」

★対話B

生徒a「サラリーマンが砂漠で道に迷っている」

先生「ああ、この人は砂漠で道に迷っているんだ」

生徒a「うん、道がないしなんか立ち止まっているように見える」

生徒b「右へ行こうか左へ行こうか迷っているんじゃ？」

生徒c「どっちが安全かなって……」

A、B二つの対話を比べると、対話の流れがまったく異なっているのがお分かりだろう。「サラリーマン」の部分を繰り返したAの場合は、この人の服装や持ち物から、この人はどういう人なのかを想像する方向でこのあとの話題が広がった。それに対して「砂漠で道に迷っている」の部分を繰り返したBの場合は、この人の置かれた状況やその物語に関心が向けられた。

何とも驚くべきことである。先生の無自覚な「部分の繰り返し」によって、生徒の発言の特定部分が強調されることになり、対話は思わぬ方向へと舵が取られてしまうのである。

繰り返しは本来、発言者個人に対してのリレーションであるが、「部分の繰り返し」にはクラス全体に対して話題を「焦点化」するナビゲーションの効果が生じてしまう。部分の繰り返しをうまく使えば見事な対話の舵取りとなるが、流れを無視して行えば、思考を混乱させたり強引な進行となったりする。その場の状況の判断がつかないときは、全体の繰り返しをしておくのが無難である。

3　言い換え

生徒の発言が常に適切な言葉によるものとは限らない。違う言葉や言い方の方がより適切な場合がある。曖昧な言葉は誤解のもとだ。とくに幼い子どもの場合は語彙が少ないので、積極的に言い換える必要がある。

「それが大切なもので……」とか「そこから出てきている」などのそれとかそこなどの指示語は極力具体的な言葉に言い換えた方がよい。

次の**要約**で詳しく紹介するが、二一二頁で例示する「髪の毛がこんなふうになっている」という発言は曖昧で分かりにくい。そこで先生は寝癖と言い換えている。適切な言い換えをするためには、発言を表面的に受けるのではなく、相手が何を言おうとしているのか、ということに気を配り、頭を働かせることが大切だ。

4　要約

生徒は誰もが理路整然と発言するとは限らない、雄弁に自説を語るが、話が長すぎて何を言っているのか分からなくなることも多い。生徒が幼い子どもの場合はもっと難解で、話が行ったり来たりし、聞いている側はもちろん、本人自身でさえ分からなくなってしまうことも稀ではない。そのようなときは、安易に繰り返さないで、分かりやすく要約することが必要だ。「いまの意見はこういうことですね」と、子どもの意を酌んで発言のポイントを簡潔に述べるのである。

アンドリュー・ワイエスの《クリスティーナの世界》[189頁]の鑑賞を例にとって具体的に考えてみよう。

「この女性はこの草原に散歩に出て、ポカポカと暖かくて気持ちがいいので、横になっていたら睡魔に襲われて、昼寝をしてしまったんだと思います。それでハッと気がついたらずいぶん長い間寝ていて、がばっと起きたところだと思います。けっこう長い間寝ていたんで、髪の毛がこんなふうになっているんだと思います」

これは《クリスティーナの世界》の鑑賞でよく出るタイプの意見だが、どのように要約すればよいか考えてみよう。対話の流れを考えたとき、直前の意見に「草原に風が吹いていてこの女性の髪が揺れている」という意見があったとすれば、髪の毛の描写が共通の話題となっていると判断できる。すると、「髪の毛がこんなふうになっている」がこの発言のポイントだとわかる。昼寝のあとと言っているのだから、ここは「寝癖のことですね。この女性は昼寝していたので、起き上がったら髪の毛に寝癖がついていた、そういう場面ということですね」というように曖昧な部分を言い換えつつ、全体を要約すればよい。

5　付け足し

逆に言葉足らずで何が言いたいのかよく分からない、ということもよくあることだ。その場合は先生の判断で言葉を付け足す。生徒が言いたいことを推測して付け足すのである。

先生　「あっ、この人ね。バイオリン持ってる」
生徒　「で、家とかが……」
先生　「コンサートだね」
生徒　「外」
先生　「外。野外コンサートだね」

「外」という生徒の発言を受けて、「野外コンサートだね」と付け足すことで発言はより明確になった。誰でも緊張していたり、話すのが得意でなかったりすると、言葉に詰まることがある。幼い子どもの場合はありがちだ。幼い子どもが相手のときは先生が一緒になって考え、子どもと一緒に考えをまとめるつもりで接することが必要である。丁寧な対応が生徒との信頼を築くことにつながり、対話は豊かになるのである。

もちろん、あくまで発言者の言いたいと思われることを付け足すのであって、発言に対する先生の意見を加えるのが目的ではない。

6　掘り下げ

生徒の発言は、「何か怒っている感じがする」とか「人が歩いている」とかのように、断片的であることが多い。子どもは思ったことをそのまま口にしがちであり、自分の考えや思いを相手に伝えようという気持ちが希薄である。

そのようなときには、「どこを見てそう思ったの？」と発言の根拠を尋ねてみたり、「もう少し詳しく話してください」と促したりする。このような応答を掘り下げという。

掘り下げによって発言が肉付けされ、明確になる。確認、繰り返し、言い換え、要約、付け足し、掘り下げ。この六つは生徒の発言を支援する応答活動であり、発言の内容をはっきりさせ、個々の発言を全体に知らせ共有化を図る効果がある。

7　称賛

和やかに進行する対話に耳を傾けていると、先生のさりげない相槌やうなずき、褒め言葉などがふんだんに聞こえてくることに気がつく。「それはおもしろい見方だ」と関心を示すことや「いいところに気がついたね」「よく見ているなぁ」などと褒めることは、生徒の気持ちを前向きにさせる。それは建設的で協働的な対話を促すことにつながっていく。

人の意見に対してごく自然に関心が示せたり、褒めることができる人は、先生としての生まれついての素質がある。そうしたことが苦手な人も、意識して人を褒めることを心がけるようにすれば、次第に身についていく。

そのためには、相手の感情と共振し、その感情を共有しようと心がけることが大切だ。相手と同じように「あぁきれいだ」と思ったり、「なんだか変だ」と不思議に思ったりする態度が自然と称賛の言葉を生み出す。生徒の発言を客観的に聞くというよりは、相手と同化するように聞くことが大切だ。

自分の見方を褒められたり、認められたりすることで人は達成感を得ることができ、自己効力感（セルフ・エフィカシー）を高めることができる。モチベーションの向上ややる気の促進には、この自己効力感という心の働きが大きく関与するといわれている。特に子どもたちは褒められることによって自分の見方や感じ方に自信を深め、積極的に絵を見るようになる。

8　同意

褒めることが苦手な人でも、「なるほど」と相槌を打って同意を示すことはさほど無理なくできるだろう。

対話による鑑賞は、各自の意見を出し合うとはいえ、ディベートのように互いの主張をぶつけ合い、優劣を決めるのが目的ではない。参加者一人ひとりの意見を尊重し、共通点や差異を明確にしながら全員で作品の意味をつくり出していくことに目的がある。親和的な雰囲気の中でみんなで作品の意味を考え、つくり出しているという一体感と信頼感が生まれる。

同意によって、「私はあなたの意見を頭ごなしに否定しませんよ。一人ひとりの意見を大切にします」という先生の姿勢を生徒に暗黙のうちに伝えていることにもなる。

また同意は、対話のリズムをつくり出すうえでも効果がある。

図13を見ていただきたい。同意を示した太字部分を外してみると、たちまち対話がぎこちなく機械的な印象になることがお分かりいただけ

■図13｜[同意]の機能

生徒　「右の人は大きな袋を持っています」
先生　「**確かに。袋をかついでいるね。**ほかにはどうですか?」
生徒　「左の人の髪が逆立っています」
先生　「**ほんとうだ。**ほかには?」
生徒　「笑っているような顔です」
先生　「**なるほど。**右の人はどうですか?」

↓　太字部の〈同意〉を除くと

生徒　「右の人は大きな袋を持っています」
先生　「ほかにはどうですか?」
生徒　「左の人の髪が逆立っています」
先生　「ほかには?」
生徒　「笑っているような顔です」
先生　「右の人はどうですか?」

＊俵屋宗達「風神雷神図屛風」の鑑賞より

るだろう。

おとなでも子どもでも、意見を言うことがあまり得意でない人はいるものだ。そのような相手に対しては、その子が話せそうな機会を見つけて発言を促し、ようやく語り始めたら「がんばって」と励ましの声をかけることを心がけたい。語り終わったら十分に褒めてあげることも大切だ。

9 励まし

学級には授業に集中できない子や自分の意見に固執する子、混乱して対話の進行についていけない子やゆっくりとしか考えられない子など、いろいろな事情をもった子どもがいる。そうした多様な学び方をする子どもたちへの配慮や学習保障の観点をもって授業に臨みたい。励ましはその最も基本的な行為である。

学校との連携授業などで美術館スタッフが先生役をして授業を行うことがある。その場合は、作品の解釈づくりに気が向かいがちになって、気の利いたことを言う生徒だけが活躍する授業に陥らないように注意しなければならない。学校の先生と十分に打ち合わせ、特別な支援が必要な子どもに対する手立てを事前によく練っておく必要がある。

話すのが苦手な子どもや集団に対しては、考えを一度紙に書かせてみるのもよい。先生がそばに行って、目の位置を合わせ、「どんなことに気がついた?」と一対一で問いかけることもよい。幼い子どもの場合はとくに有効だ。大切なことは、発言の苦手な子どもを置き去りにしないことである。

称賛、同意、励まし。この三つは生徒の発言を**奨励**する応答活動であり、生徒の気持ちに働きかけて対話への意欲を高める効果がある。

以上のような、支援と奨励の九つの**リレーション**によって生徒との信頼を築き、個々の発言を明確にし、対話の骨格に肉付けすることを心がけたい。

❺ 非言語的なリレーション

リレーションには言語的なもの以外に非言語的なものがある。

先生によるうなずきや微笑み、身振りなど身体的活動による応答、また生徒の反応に対する表情や態度などが非言語的な応答活動である。

受容的・共感的な応答は生徒の心を解放し、自由な対話を生む。応答活動の意味と効果を理解し、適切に活用することを心がけることで、質の高い対話をつくり出すことができる。

1 「優しいまなざし」「微笑み」など穏やかな受容行動

アメリア・アレナスのように、その人が前に立つと自然と対話が始まるような、不思議な雰囲気をもった先生がいる。学校の先生である下村和美や森實祐里、山崎正明、ポーラ美術館の今井敬子も、東京国立近代美術館の一條彰子もみなそうだ。彼らには共通項がある。彼らはみな微笑みをたたえ、優しく参加者と目を合わせて対話を行う。目が合うだけで話したくなるような雰囲気をもっている。

これは生来の資質なので、その恩恵に浴していない私などは羨望の限りだが、行動としてはそれほど難しいことではないので、心がけ次第では彼らのレベルに近づくことはできそうだ。同じ受け答えでも、無感動な素振りで「そうですね」と言われるのと、優しいまなざしで微笑みながら「そうですね」と言われるのとでは、受ける印象が違ってくる。言葉の表現だけでなく、表情やしぐさなどの非言語的活動もまた、受容的・共感的でありたい。

2 「うなずき」など動作を伴った受容行動

うなずきには、発言者に関心を払い、承認を与えるような働きがある。認められたいという相手の欲求を満たすだけでなく、先生に対して好意的なイメージをもたらすので、その後の発言を促進する働きもある。

このことは実験的にも確かめられている。心理学者ジョゼフ・D・マタラッツォは雇用面接の場面において、志願者の発言に対して面接者がうなずく場合と故意にうなずかない場合を設定し、面接者のうなずきと志願者の発話時間との関係を調査した結果、うなずきによって発話が促進されることを示した[★6]。うなずくことによって、話し手の話す時間が長くなるのだ。

うなずきは日常的な行為なので特別な訓練の必要はないが、もしあなたが人と話すときにうなずく習慣が希薄だとすれば、心がけたほうがよいだろう。

[★6] Matarazzo, Joseph D.; Wiens, Arthur N.; Saslow, George; Allen, Bernadene V.; Weitman, Morris. 'Interviewer Mm-Hmm and interviewee speech durations'. *Psychotherapy: Theory, Research & Practice. Vol 1(3).* ed. Mark J. Hilsenroth. American Psychology Association. 1964. pp.109-114

3「身を乗り出して聞く」「アイコンタクト」など関心を示す行動

発言した人の方へ身を乗り出す、耳に手を持っていき聞く素振りをする、一人ひとりと目を合わせる。このような行動は案外できていない人が多い。相手に目を向けることは、聞いているという合図を送る行動なので、アイコンタクトは必須だ。身体の動作も、慣れないと参加者に演技のような感じを与えてしまうが、それでも構わないと思う。私はあなたの話を関心をもって聞いている、という態度を身体的に表すことは対話を円滑に進めるうえで大切なことだ。

雄弁に意見を言ってくれる人がいたら、ついその人の近くに行って留まりがちで、その人とばかり目を合わせてしまうことがある。まるで「二人だけで話が進んでいる」というような感じに見えてしまい、ほかの人は置き去りにされた感じを受けてしまう。こんなふうにして授業が終始してはまずい。では、どうすればよいだろうか。

難しいことではない。発言した人とアイコンタクトして十分意見を聞けば、そのあと今度は反対の側に移動するのである。右から左、左から右へと立ち位置をシフトする。今度はこちら側のみなさんの番ですよ、という暗黙のメッセージを伝える効果がある。また、全体に目配せする効果もある。

さて逆に、発言していない人にアイコンタクトをとることも重要な意味がある。このようなアイコンタクトは、「あなたの意見を聞きたい」という暗黙のメッセージを投げかけていることになる。目で興味を示せば、発言する方も緊張しないで、話しやすくなる。熟練の先生は自然にこのような動きを見せている。

非言語的なリレーションで注意しなければいけないのは、無意識に非言語的行動をとり、ネガティブなメッセージを送っている場合があることだ。稀に胸の前で腕を組みながら授業する人を見かけることがある。おそらく人と向き合うときに無意識に行っている癖なのだろう。これは不安から自分を守る心理が表れた行為だが、相手から見れば距離感を感じるしぐさである。相手が拒否のサインと受け止めると、自由な意見を出しにくい雰囲気が生まれてしまう。

意味もなく腕を組む癖のある人は、両手を軽く広げる動作を心がけよう。手を下げて掌を相手側に見せる姿勢をとってみよう。ずいぶん印象が変わってくるはずだ。胸を開いた姿勢は相手を受容する心の表れと受け止められる。何気ないしぐさが生徒との距離感を演出することにもなるから気をつけたい。

STEP 3

評価と改善

評価というと、点数で生徒をランクづけすることと思われがちだ。しかし実際は、評価には生徒の学習状況に対する評価と、先生の指導に対する評価の二つの側面がある。前者は生徒の学習の質を評価するものであり、後者は先生の指導の質を評価するものである。つまり評価は学習を促進するための手段であるとともに、指導を改善するための手段でもあるといえる。

❶ 学習評価の手順と方法

1 どのようにして学習課題の達成度を評価すればよいだろうか

対話による美術鑑賞の評価もほかの教科の授業に関する評価と基本的には変わらない。集団に準拠した相対評価ではなく、学習課題に準拠した評価を基本として、一人ひとりの鑑賞活動とその変容に関する評価を行う。ここでは第3章二五四頁で紹介するシャガール《旅する人々》の中学一年生の授業を例に説明しよう。

授業に際しては、育成する資質や能力と地域や生徒の実態等を考え合わせ、各学校の教育目標を加味して学習課題をつくる（図14・15）。

このようにして作成した学習課題と内容をもとに、国立教育政策研究所の評価規準の作成のための資料［★7］を参照して評価規準を作成する。国立教育政策研究所の資料によると鑑賞の

■図14｜育成する資質や能力

- ○作品を鑑賞して感じ取り考える能力
- ○造形的なよさや美しさなどを感じ取る能力
- ○作者の心情や意図と表現の工夫を考える能力

■図15｜学習課題（ア〜エ）

○主体的に学習に取り組む態度
　ア〜エの課題に対して、主体的に取り組む。
○作品を鑑賞して感じ取り考える能力
　ア　感性や想像力を働かせてよさや美しさを味わう。
　イ　作品に対する自分の思いや考えを説明し合い、
　　　自分と他者の共通するところや違いに気づき、見方や感じ方、考え方を広げる。
○造形的なよさや美しさなどを感じ取る能力
　ウ　形や色彩に視点を置いて作品を鑑賞し、
　　　よさや美しさを感じ取ったり考えたりする。
○作者の心情や意図と表現の工夫を考える能力
　エ　作者の心情や意図と表現の工夫、作品が表している内容を形や色彩などから
　　　自分として根拠をもって読み取る。

評価規準は、関心・意欲・態度に関する観点と鑑賞の能力に関する観点の二つに大別されている。本書では鑑賞の能力に関する観点については、育成する資質や能力に沿って図15に示したアからエの四つの学習課題から評価規準を導き出す。その際、概ね満足できる状況をBとして、十分満足できる状況をA、努力を要する状況をCとする。

評価のための資料としては、①授業中の発言内容（学習の状況を具体的に読み取る）、②学習カードなどの記述（自己評価、学習評価の資料として。また授業中に発言できなかった思いや考えなどを知ることができる）、③授業を記録したＶＴＲ映像（表情や態度から言語化されない関心・意欲を読み取る）などは基本的に必要である。これらの資料をもとにして評定（成績づけ）を行うことになるが、多様な観点から評価を試み、先生の印象だけに頼らない、生徒や保護者に対して説明のできる評定を心がけたい。

２　授業中の発言内容の評価（学習の状況を具体的に読み取る）

Ｎ・Ａ・フランダースに代表される一般的なカテゴリーによる言語活動の分析方法［★8］によっては、美術鑑賞の学習に固有の思考の質を推し量るような評価は期待できない。美術鑑賞の授業では、よさや美しさ、作者の意図などを感じ取ることや作品に対する価値意識の形成を中心に評価したい。学習活動をこれらの視点から評価するためには、子どもの発言を「観察」「感情（印象）」「思考（解釈）」「根拠」などの要素から分析することが必要となる。

具体的に評価の例を挙げて説明しよう。マルク・シャガールの《旅する人々》［191頁］の授業

［★7］http://www.nier.go.jp/kaihatsu/houkoku/index_jh.htm。なお「評価規準」という用語は、学習指導要領に示す目標の実現の状況を判断するためのよりどころを意味するものとして、平成三年、文部省の指導要録の改訂通知より導入された。

［★8］前掲書★2、五二頁

■図16｜生徒の発言分析表

	観察	感情（印象）	思考（解釈）	根拠
Aさん	（生徒 03）赤い人が……		（生徒 01）なんか……野外のコンサートみたい	（生徒 02）なんかバイオリンみたいなのを持って……
Bさん		（生徒 12）まず、ここが地上じゃないっていう感じがして	（生徒 13）何かありえない	（生徒 13）マグロみたいなのが飛んできたりして……
Cさん	（生徒 21）左側に演奏している人たちがいて、バイオリンみたいなのを持っていて……		（生徒 20）見方はまったく違うんですけど（生徒 21）結婚式っていうか、（生徒 22）それで下にいる緑の人たちが見に来ていて、でも、そこにいる人たちはもう死んだみたいで、天国みたいなところで、緑の人は結婚できないまま死んじゃったみたいで	（生徒 23）そのマグロみたいな中にいる人が、ドレス着た人に見えたから花を持って結婚した人みたい
Dさん			（生徒 34）この絵自体が夢の中みたいなので、ところどころに人がいっぱいいます	（生徒 35）いろんなものが、ぼやけて見えていたり、はっきり見えていたりする

における生徒の発言を図16のように分析してみた。なお、Aさんの行にある（生徒1）（生徒2）（生徒3）はすべてAさんの発言を示している。ほかの生徒についても同様である。

「なんか……野外のコンサートみたい」と授業の第一声を上げたAさん。バイオリンを持った人が描かれていることから、絵の全体の印象をコンサートと考えた。コンサートが楽しそうなのか、あるいは盛り上がりに欠けるのかという感じは述べていない。画面＝コンサートと全体を大づかみにとらえているだけであるが、主体的に学習に取り組む態度の評価規準で、A「十分満足できる」と判断される具体的な状況のキーワードを「意欲的に」としたとき、まだ意見が出ていない導入段階の発言であることを根拠に、評価規準の観点からは高く評価することができる。

しばらくして別の生徒が出した天国と地獄説を受けてBさんは、「ここが地上じゃない」という印象を述べる。その根拠として「マグロみたいなのが飛んでき」ているので、「何かありえない」と感じたという。つまり、ここは現実の世界（地上）ではなく「何かありえない」世界であると言いたいのだろう。学習課題アの評価規準でAと判断するキーワードを「感性や想像力を十分に働かせて」としたとき、Bさんの発言は感性や想像力を十分に働かせてよさや美しさを味わっているので、高く評価することができる。

その直後、Cさんは「見方はまったく違う」として、この場面を結婚式ととらえた自分の思いや考えを、その根拠を示し的確に述べている。学習課題イの評価規準でAと判断するキーワードを「的確に」とすれば、Cさんは高く評価することができる。また、楽器の演奏、ドレス、花束を持って空を飛んでいるなど、発言内容からはCさんが絵の部分を組み合わせて全体を解釈していることが読み取れる。大づかみな印象ではなく、描写の細部から根拠づけて絵の全体を解釈しているのである。学習課題ウの評価規準でAと判断するキーワードを「さまざまな角度から見方を広げて」とすれば、表現の特徴をもとに、想像を広げたり思考を深めたりして、自分との関係で意味や価値をつくり出していることから、高く評価することができる。

Dさんはこの作品を「夢の中のみたい」ととらえている。その理由を「いろんなものが、ぼやけて見えていたり、はっきり見えていたりする」と、作者の表現の工夫や作品が表しているとする内容を形や色彩などから自分として根拠をもって読み取っている。学習課題エの評価規準でAとするキーワードを「作者の表現の工夫や意図を形や色彩などから自分の価値意識をもって判断」とすれば、高く評価することができる。

対話による美術鑑賞の授業では、積極的に発言する生徒に焦点が当たりがちであるが、発言の回数や内容だけで言語力をとらえるのは短絡的である。授業中に発言のない生徒を「努力を要する状況」としてC評価し、その生徒に対する手立てを講じるのは評価をもとにした指導として当然であるが、評価は授業中の発言だけでなく、学習カードなどの生徒の記述や個人内評価などを総合して行う必要がある。

《風神雷神図屏風》の授業のあと、「見れば見るほど印象が変わっていった」と学習カードに書いた生徒がいた。実はこの生徒、授業では発言していない。しかしこの生徒は「見れば見るほど印象が変わっていった」ほど真剣に鑑賞し、考えをまとめて「雷神が仕事をしていて風神が遊びに来た感じ」と書くことができた。このような生徒の評価を発表回数だけで行うことは妥当ではない。

一方、発表しなかった別の生徒の中には、「考えがうまくまとまらない」という理由を書いた生徒もいた。二人の違いはどこにあるのか。それは自己内対話をしているか否かである。感じたことや考えたことをまとめるには、内言を用いて自分自身に語りかけることがまず大切であり、先の生徒はみんなの意見を聞きながら自分の内面で自分の見方を言語化し、自分自身と対話していたのである。考えがまとまらなく発表しなかった生徒は、自己内対話が不十分だったのかもしれないし、考えが錯綜していたのかもしれない。実際の発言だけでなく、このような自己内対話のあり方についても配慮し、それを確かめて次の授業に向けて助言することが、生徒の学習の質に関する評価のうえで大切なことである。

❷ 指導に生かす評価の手順と方法

指導と評価は一体であるといわれる。したがって評価にあたっては、指導との関連性を意識して行うことが大切である。

授業は、計画（Plan）、実施（Do）、評価（Check）、改善（Act）といった一連の活動を繰り返しながら展開される。つまり先生にとっての評価とは、結果として表れた生徒の学習状況を鏡にして自らの指導を振り返り、指導のあり方を見直すことや個に応じた指導の充実を図ることなど、今後の指導計画を考え授業改善を行う根拠となるものといえよう。評価は、それを行って終わるのではなく、評価した結果を活用することが大切なのである。評価をもとに教育活動の改善がなされ、それに沿って実施された授業に対してまた評価がなされる。指導と評価の一体化とは、まさにこうしたスパイラルな営みを指すのである。

では、対話による美術鑑賞の授業において、指導に生かす評価はどのようにして行えばよいだろうか。

1 授業分析

表現の授業の評価に置き換えてみると分かりやすい。絵を描く授業の評価にあたって、出来上がった作品の良し悪しだけで評価することは妥当ではない。生徒が描いていく過程と先生の関わり方が適切であったかどうかを振り返る必要がある。同様に対話による美術鑑賞の授業の評価も、最終的にどのように生徒が作品を解釈したかということだけでなく、そこに至る対話の過程が適切であったか否かを振り返ることが求められる。

そのためには対話の分析を通しての授業評価を行う必要がある。先生の発言と生徒の発言をそのまま書き起こし、対話を促すナビゲーションと信頼を築くリレーションの視点から分析する。この分析を「T-C分析」と呼ぶ。対話の分析を通して、生徒の意見を正しく判断していたか、意見に対しての応答は適切だったかなどを確認し、自分の授業に何が不足していたかを自覚し、こうすればよかったのではないかという反省を行う。

対話の分析の手順と作例を次に示そう。

〈手順〉
1　授業を記録した映像などから発言を書き起こす（「T－C表」の作成）
2　先生の発言だけをコピーし「分析表」にペーストする
3　発言内容を分析し、分類される「分析表」の項目をチェックする
4　「分析表」を手がかりにして、「T－C表」から先生の行動を分析し、改善点を見つける

〈作例〉
1　授業を記録した映像から発言を書き起こす（「T－C表」の作成）

生徒20　見方はまったく違うんですけど……
先生25　いいね。見方がまったく違う。こういうのはいいですね。
生徒21　結婚式っていうか、左側に演奏している人たちがいて、バイオリンみたいなのを持っていて……
先生26　バイオリンみたいなのを持ってるね。演奏しているね。確かに。
生徒22　それで下にいる緑の人たちが見に来ていて、でも、そこにいる人たちはもう死んだみたいで、天国みたいなところで、緑の人は結婚できないまま死んじゃったみたいで。そういう感じ。
先生27　ああ、この人たちはあの世の人たちね。あの世の人たち。結婚というのはどの部分で？

生徒23　そのマグロみたいな中にいる人が、ドレス着た人に見えたから花を持って結婚した人みたい。

先生28　ああ、そうだね。白いドレスを着て、花束を持って、空を飛んでいる。そんなふうに見えた。ね。だから結婚しているように見えたんだ。きっと目についたのは、これがポイントだったんだ。ぜんぜん違う見方が出てきましたね。演奏して、これは亡くなった方。暗いイメージじゃなくて。暗いイメージじゃないんですね。はい。どうでしょう。違う見方が出てきましたね。どうですか、みなさん？　これに関して。はい。

生徒24　この赤と緑の人を歓迎しているように見える。

先生29　歓迎という言葉が出てきた。またまた、違う見方が出てきましたね。歓迎。どの人が？

生徒25　後ろの人や下の……

先生30　この人たち。全体がね。どの辺で歓迎って思いましたか？

生徒26　なんか花束を持っているし、喜んでいるように見える。

先生31　喜んでいるように見える。さっき、戦いの話をしたけど、これは喜んでいるんだよって。花束を持っているし、こうやって歓迎している感じがするって。それに付け足しはありますか？

■図17｜T-C分析表例

	ナビゲーション									リレーション								
	1	2	3	4	5	6	7	8	9	a	b	c	d	e	f	g	h	i
先生25　いいね。見方がまったく違う。こういうのはいいですね。																		
先生26　バイオリンみたいなのを持ってるね。演奏しているね。確かに。																		

■図18｜T-C分析表例

	ナビゲーション									リレーション								
	1	2	3	4	5	6	7	8	9	a	b	c	d	e	f	g	h	i
先生25　いいね。見方がまったく違う。こういうのはいいですね。			●													☆ 2回		
先生26　バイオリンみたいなのを持ってるね。演奏しているね。確かに。											☆	●					△	
先生27　ああ、この人たちはあの世の人たちね。あの世の人たち。結婚というのはどの部分で？												☆			●			
先生28　ああ、そうだね。白いドレスを着て、花束を持って、空を飛んでいる。そんなふうに見えた。ね。だから結婚しているように見えたんだ。きっと目についたのは、これがポイントだったんだ。ぜんぜん違う見方が出てきましたね。演奏して、これは亡くなった方。暗いイメージじゃなくて。暗いイメージじゃないんですね。はい。どうでしょう。違う見方が出てきましたね。どうですか、みなさん？　これに関して。はい。			■	▲					●				△ 2回	●			☆	
先生29　歓迎という言葉が出てきた。またまた、違う見方が出てきましたね。歓迎。どの人が？			☆							●								
先生30　この人たち。全体がね。どの辺で歓迎って思いましたか？												☆			△			
先生31　喜んでいるように見える。さっき、戦いの話をしたけど、これは喜んでいるんだよって。花束を持っているし、こうやって歓迎している感じがするって。それに付け足しはありますか？				△			●				☆							

2　先生の発言だけをコピーし「分析表」にペーストする（図17）

3　発言内容を分析し、「分析表」のチェック項目（ナビゲーションは1～9、リレーションはａ～ｉとする）に印をつける（図18）

4　「分析表」を手がかりにして、「T-C表」から先生の行動を分析し、改善点を見つける

この授業を行った先生の授業の特徴は何だろうか。例に取り上げた部分の発言はわずか七回だが、その内容には授業の特徴がはっきりと表れている。

ナビゲーションに関する発言内容の頻度からは、発言の多様化（3）を促すと同時に、対話のための焦点化（4）を常に意識して授業していることが見て取れる。また、いままでに出てきた意見との違いを述べて論点の整理（7）をしたりして分かりやすい授業を心がけていることも読み取れる。

リレーションに関する発言については、励まし（ｉ）の項目を除く全項目に関わっていることから、授業が単調な応答によってではなく、非常に変化に富んだ応答によっていることが読み取れる。

ちなみに、この場面で励ましの項目がないのは、この例示部分の直前に「じゃあ、ほかにどうですか？　違う見方をした人？」と問うたときに一斉に手が挙がり、励ましの必要がない場

面だったからである（二六〇頁参照）。

特筆すべきはリレーションの言い換え（c）や要約（d）が巧みなことで、まさに当意即妙。どの人が歓迎しているのかと掘り下げたときには、当の生徒が「後ろの人や下の……」と答えたのに対して「この人たち。全体がね」と画面を指して周りの「全体の人」が歓迎していることを押さえている。これはとても大事な押さえであって、この場面が祝福の場面であることをうまく言葉で伝えられない生徒の思いを酌んだ言い換えであるといえる。前章で述べたように、言葉の深層をキャッチし共感することが大切であり、先生はそれを実践していることが分かる。

こうした分析を通して、自分の授業の癖や改善点を見つけることが指導に生かす評価につながる。癖というのは、たとえばリレーションの同意（h）の回数が少ない人は、生徒の意見に対して「なるほど」とか「確かに」などと相槌を打つことが少ない、頭の中では同意してもそれを言葉で表さないという傾向のことである。もしもそういう癖が見つかったら、意識的に直す努力を心がけたい。

2　生徒の感想に見る学習状況の評価

「いつもより絵が広く感じた」

対話による美術鑑賞の授業を初めて受けた生徒の感想の一部である。

絵を見つめ、隅々まで見つめ、感じ取り、考えるうちに自分の目の前に絵が大きく広がっているように感じられる。まるで絵の中に入り込んでしまうかのように。そんな様子がうかがえる一文だ。

生徒たちは対話による美術鑑賞の授業を通して、どのような感想をもったのだろうか。

○最初に見たときはとても複雑な絵で、何だコレは？　と思ったけど、見る回数を重ねていったらどんどん深いところに気づいていけるようになりました。

○ひとつの絵をじっくり見ることで、たくさんのことを感じられたり、見方が変わったりする。

○人の意見を聞くことで、いろいろな見方をすることができるようになった。

似たような感想が多くの生徒から寄せられている。これらは自分自身に見る力がついた、という自覚を伝えている。また、一枚の絵からたくさんの情報を引き出すことができることを、生徒たちは学び取ったといえよう。

○絵に対してみんなからいろんな意見が出たことで、みんなの思いを感じることができたし、そう考える人もいるんだということも分かった。

○個性的な見方をする人もいて、「ああ、そうにも見えるか」と納得することもたくさんありました。

人は必ずしも自分と同じように感じない。同じような考えをもたない。みんなの発言を聞いてみることでそのことを実感することができるし、自分とは違う感じ方や考え方の理由についても納得できることが多かった、というのだ。これらは他者理解に結びつくような生徒たちの学びを伝えている。

○みんなは自分が思っているのと違う考え方をしている。自分の考えとみんなの考えを比べてみることでいろいろ出てくる。

私たちはふだんそういうことにあまり気がつかない。自分がどのように世界を見たり、感じたり、関わっているかに無頓着である。決まった答えのない美術作品の鑑賞は、自分と世界との関わりについて考えるよい機会である。

○絵を見て楽しいと思うようになりました。
○いままでは絵を見ても「うまいな」「参考にしたいな」ぐらいしか思っていなかったけど、鑑賞の授業をやったおかげで絵を見ることが楽しくなりました。
○ひとりで美術館などに行くよりも、三、四人で絵を見て感想を言い合っていた方がよっぽど楽しいと思いました。

見ることの楽しさを知った、という感想は多くの生徒から寄せられる。美術作品を見ることの楽しさを知った生徒たち。生涯を通して美術を愛好する素地は、こうして育まれていくのだろう。

○いままでは自分の意見をもっていてもためらってしまい、あまり発言することができなかったけど、この授業を通して発言できるようになりました。
○自分の思ったことを自由に発表できたのでよかった。
○私はいろいろな授業で発表を前よりするようになりました！

対話による美術鑑賞の授業では、ふだんほかの教科の授業ではあまり発言しない生徒が積極的に手を挙げ、鋭い意見を言う場面がしばしば見られる。自分の感じたことや考えたことを自由に語り合うという授業構造が、抑制から解放し、潜在していた力を発揮させたのだろう。

○クラスみんなで発表し合って、たくさん意見が出てとてもよかった。
○自分とは違った意見なども出てとても楽しかったし、見方を変えてみるといろいろなことに気づけると分かりました。
○人の意見を聞いて自分の意見が変わっていくのが、とても楽しいです。
○ほかの人の意見を聞いて学ぶことがいっぱいあった。

学びそれ自体の楽しさについての感想も多く寄せられる。生徒たちはみんなと考え方や感じ方を交流し、自分が変わっていくことを望んでいる。その変容は相互的に生まれる。自分が変わると同時に、クラスのみんなも変わっていくのである。

○みんなの想像と自分の想像が合わさったらもっといろんな想像ができた。

たくさんの異なる意見の集合から新しい意見は生まれてくる。集団の学び、学校の学びとは本来そういうものではないだろうか。

○発表はできなかったけれど、いろんな人の意見を聞いたりしているうちに、ひとつの考えじゃなくて、いろんな考え方ができるようになりました。

発表しなかった生徒も学んでいる、成長しているということを忘れないでいただきたい。対話による美術鑑賞の授業では、どうしても発言する子が目立ち、発言の内容で評価が下されがちであるが、実は聞いているだけの生徒も学んでいるのである。

〈鑑賞の学習カード〉

学習カードなどの記述は自己評価、学習評価の資料として活用する。自分の発言を書く欄を設ければ発言記録の裏付けもでき、「今日の授業での話し合いをまとめましょう」「話し合いをもとにして今日の絵に題名をつけましょう」という意味の欄を設ければ、どれだけ授業に集中していたかを確かめることもできる（巻末資料Ⅲ参照）。

これは発言のなかった生徒の評価にも生かせる。またそのような生徒を対象に、「授業中に発言できなかったけれど、思っていたことや考えていたことを書きましょう」というような欄を設ければ、発言のなかった生徒の思いも知ることができる。

3　美術感想文でまとめる評価方法

授業のまとめを美術鑑賞文という形で作文させることは、教育上とても効果的だ。その生徒が授業を通して何を考え、何を学んだかが一望できるからである。美術鑑賞文には授業で交わされた発言を客体化し、生徒が自己との関係でつくり出した作品の意味や価値がまとめ上げられている。

評価をもとに評定を行うとき、その資料として授業中の発言内容や学習カードなどの記述内容を用いる。しかし授業中の生徒の発言を漏れなく残しておくことは難しいために、ＶＴＲなどの記録媒体を活用することが望ましい。しかしそれができない場合もある。美術鑑賞文は生徒の包括的な学習報告であるから、そのような場合の資料不足を補完してくれることにもなる。

18歳　看護学科学生の鑑賞文

北脇昇《クォ・ヴァディス》（188頁）

東京国立近代美術館で一番私の目を惹いた作品は、北脇昇の《クォ・ヴァディス》である。この絵の前で私は思わず立ち止まり、釘づけになった。「なんだか不思議な気持ちに陥る」とは、この絵にふさわしい言葉だと私は思う。

薄い水色の平坦な大地で、遠景に地平線がある絵の中央に描かれた男、大きな貝殻と人の群れ、右上には暗い雲のかかった街のようなもの、そして道標のようなものの５つのものがシンプルに描かれているのがとても印象的だ。

この絵を細かく観察してみる。画面中央には、一人の男性が大きく手前に背を向けて描かれている。服装は、よれよれで茶色の背広（国防服かもしれない）、茶色の帽子、茶色の靴をはいている。右肩に赤茶けた頭陀袋を担ぎ、左の小脇に分厚い本を抱え、右脚を一歩出そうとしている、あるいはずっと歩き続けてきたけれど、この場所で何処へ行こうか立ちすくんでいるのかもしれない。

男の眼前には２つの世界が広がる。左側には自分とおなじ茶色の服を着た労働者の群れ。赤旗を掲げ行進するデモンストレーションの隊列がアリの行列のように、蛇行して描かれている。右側には古城のような街並み。しかし、その上には暗雲がたちこめ、激しい驟雨が街を襲っている。

もう一度男の足元を見ると、画面左側傍らに中身が無い大きな巻貝が殻の口を上に向けて転がっている。また男の右前方には、四角柱に２枚の板きれを打ち付けた、デモ隊と黒雲の方角を指し示す道標が描かれている。杭の根本には赤い花が供えられており、墓標をイメージしているかのようにも見える。

男の様子は、これまでの生き方とは隔絶した人生の岐路に立っているかのようである。標識は２つの選択肢を表しているのだろうか。空の巻貝の殻も、今まで男が送ってきた人生が貝の中のような狭い生活だったことを意味しているのだろうか。

男はデモの隊列の方向へ歩み始めているように見える。晴れ渡る空の下、男は草原を進む大勢のほうに心を寄せているような気がする。そのほうが安全だ。間違いない。あんなに同胞もいるじゃないか。行列の先頭のふたりは男を誘うように立っているように見える。

しかし、男は本当にその左の隊列に加わりたいのだろうか？　よくよく見れば、道標には、右の嵐の世界へ導くように紅い花（薔薇のようなもの）が咲いている。再度考えてみれば、この男は将来を２つの分かれ道で迷っているのではなく、隊列から離れ、雨嵐の降る未知の世界へ飛び込もうとしているのかもしれない。彼は自分が所属していた過去に“さよなら”を告げているのではないか、そのように絵からのメッセージとして私は感じた。

北脇昇の作品はよく観察すればするほど興味深く、不思議な気持ちにさせられる。シンプルな絵の中から目には見えない、絵には描かれていない何かが、私に訴えかけるのだ。このことを看護に置き換えて考えてみると、とても類似しているように思う。

美術では、作者が描いた絵を見て、鑑賞者は作者がその絵によって何を私たちに訴えかけていて、何をその絵によって伝えたくて、考えさせたいのかを読み取り、自分自身の考え方やさまざまな感性を磨く。私たち看護者側もこれとほぼ同じで、目には見えない患者さんの症状や感情を言動やふるまいから読み取り、今後のケアの方針や治療法、または自分自身の看護観を磨き、より良いケアができるようにと日々努力を重ねて向上していく。

このことから、作者が描いた絵と向き合うことと、看護者が患者と向き合うことは同じであることに気づくことができた。私が今回、美術館での鑑賞で得たひとつの絵と向き合って考え方を深めていき、絵から伝わってくるメッセージを読み取る力を看護の面でも生かしていき、自分自身の看護観を確立していきたい。

筆者の授業実践から一例を挙げてみよう。

前頁に掲載したのは、十八歳の看護学科一年生が書いた美術鑑賞文である。彼女は小・中・高の学校教育を通して対話による美術鑑賞を経験していない。いや、鑑賞の授業すら経験していなかった。今回の授業が彼女にとって初めての鑑賞経験というわけだ。紹介する美術鑑賞文は美術館での対話による美術鑑賞の経験をもとに、そのあとひとりで思索し、まとめたものである。

「なんだか不思議な気持ちに陥る」という印象を手がかりに絵を観察し、描写を根拠に主題を読み取っていく様子が素直に綴られた鑑賞文だ。文中にある「目には見えない、絵には描かれていない何かが、私に訴えかける」という瞬間こそ、美術を鑑賞する醍醐味といえよう。対話による美術鑑賞を通して、彼女はその瞬間を体験したのである。

鑑賞文の終盤、看護師を目指す彼女は作品を看護の立場に引き寄せてとらえている。作品を見ることと患者と向き合うことの共通項に気づく。看護者ならではの見方であり、作品のとらえ方だ。

「自分との関係で見る」こと。これが美術鑑賞の一番大切な基本であり、そして一番楽しいポイントであることを彼女は理解したようだ。

3章 授業の実際

1 小学校事例——ナビゲーションとリレーションの実際1

この章では実際の授業例に即して、指導のあり方を具体的に説明する。まず斎藤真一の《さすらいの楽師》［190頁］を小学四年生が鑑賞した授業を紹介しよう。直感的な印象をめいめいに言い合うだけの時期を脱し、対話が成立し始めるこの学齢では、ほかの人の意見を聞いて自分の見方を振り返ったり、新しい見方をしたりして美術作品の見方を深めたり広げたりすることが大切になる。対話の流れを理解して話題に沿って発言することを促したい（読みやすくするために元データを一部修正、省略）。

先生01　「じゃあ、先生からお約束言うけどいい？　まず絵が映ったらじっくり見てみましょう。二つ目は絵を見て考えたことや感じたことをみんなにお話ししてみましょう。三つ目、お友だちの話を大事に聞きましょう。お友だちの話について自分が思ったり、感じたりしたことも言っていいんだよ」

初めに、「みる・かんがえる・はなす・きく」の四つの学習ポイントを示すことが大切。一つひとつ確認しながら、このように語りかける。

先生02 （三〇秒後）「じゃあ、何が見えましたか？　聞かせて」

具体的なものが描かれているこの絵の場合、最初の発問は、「何が見えましたか、お話しして」と、見えたことを聞く。

児童01 「私は絵の後ろの方にある家みたいなのと、男の人との距離がけっこうあると思います」

先生03 「あぁ離れている、離れていると思うのね。どこを見てそう思ったの？」

「こう思う」「こう考えた」という類いの発言には、「どこからそう思った？」「何を見てそう思った？」と意見の根拠を尋ねる。

■図19｜この授業で育成する資質や能力（◯）と学習課題（ア〜ウ）

◯主体的に学習に取り組む態度
　ア〜ウの課題に対して、主体的に取り組む。
◯作品を鑑賞して感じ取り考える能力
　ア 作品を自分の見方や感じ方でとらえ、新しい意味を発見する。
　イ 感じたことや思ったことを話し合い、共通点やいろいろな見方に気づく。
◯作品のよさやおもしろさ、美しさなどを感じ取る能力
　ウ 身近な美術作品を鑑賞して、よさやおもしろさを感じ取る。

児童02「家みたいな方が男の人より小さいから」
先生04「みんなが絵を描くときもそうですね。この家はずっと離れて遠くにあるから小さい。男の人より家の方が小さいわけないもんね。はい、シュンくん」
児童03（シュン）「男の人は雨に打たれている気がする」
先生05「どこからそう思うの？」
児童04（シュン）「え、だって男の人の周りに白いところがある」（図20）
児童05「オーラみたい」
先生06「なるほどね、ふうん。オーラみたいなものが見える。はい」

この返答は良くない。先生はオーラが見える、と直前の発言に対して返答したが、ここでシュンが言いたいのは男の人が雨に打たれている、ということである。ここでは「体の周りのオーラのように見える白い部分から、男の人が雨に打たれていると思ったんだね。よく気がついたね」とまとめ、シュンの発見を称賛したい。

児童06（コウジロウ）「男の人の持っている楽器は、バイオリンだと思う」
先生07「おぉ、よく知っているね。バイオリンを持っている？　そうですね、楽器を持っているのか。はい。どうぞ」

■図20
斎藤真一《さすらいの楽師》（部分、全図は190頁）

児童07 「道端でおとなの男の人が目を閉じているから寝ているように感じた」

先生08 「あぁこの人道端で寝ている、立ったまま寝ていると（みんな笑う）。あぁ立ったまま寝ていると。なるほどね」

児童08 「フラミンゴみたいですね」

先生09 「はい、どうぞ。ナギサさん」

児童09（ナギサ） 「コウジロウくんがあの手に持っているものはバイオリンと言っていたので、私がそれに少し考えを増やして、えっと、バイオリンを持っているということは、ここの近くでコンクールか何かに行って、けど落ちてしまったので、しょぼんとしているんじゃないかなぁと思います」

先生10 「あぁおもしろいね。なるほど。コンクールで落ちた、だからショックでしょぼんとして立っている。いいね、コウジロウくんの意見を深めてくれましたよ。はい、ユウヤくん」

ほかの人の意見をよく聞き、それを深めるような発言はしっかりと褒めること。とくに授業の初期の段階で褒めるのは効果的。また、コンクールで落ちたという出来事を想像し、しょぼんとしていると心情を読み取っている児童09（ナギサ）の発言は、絵に対する深い見方によるもので、先生は発言を繰り返し、称賛し、強調している。このような応答の仕方を心がけたい。

児童10（ユウヤ）「えっとね～、これがね～、お化けみたいでね～、あのね、音楽が好きで、音楽をまだやり足りなくて成仏しきれないように見える」（みんな笑う）

先生11「お化けに見える？　成仏しきれないお化けのようだ。ユウヤくんがお化けに見えたのはどこから？」

児童11（ユウヤ）「えっとね～、か、か、顔がなんか人間の顔の色じゃないからです。て、手の色もなんか青いし、細いし」

先生12「あぁ普通はどんな色？」

児童12（ユウヤ）「赤い」

先生13「赤い？　こんな色じゃない」

児童13（ユウヤ）「バックの色と同じような感じと思う」

先生14「ふうん、なるほどね、お化けみたいにも見えるよね。成仏できないお化けみたいにも見えるよ（みんな笑う）。すごいねぇ。いいよ」

青を主調色とするこの絵は、人物の顔も手も青みを帯びて描かれている。それが子どもの目に不自然に映り、お化けのように見えても当然と受け止めなければならない。この先生のように丁寧に受け答えすることが子どもに安心感を与える。

児童14（ミナ）「なんか帽子をかぶっているように見える。髪の毛がはねているみたい」

先生15「髪の毛、帽子？　ミナさんは帽子だと思うんですね」

児童15（ナオ）「触角みたいなのが生えている」（図21）

先生16（一同笑い）

そっちの列の人どうですか？　レイくんどうぞ」

児童16（レイ）「この人は家出中かと思います」

先生17「それはどこからそう思ったの？」

児童17（レイ）「それは、ひとつの家だけ仲間外れにされたように、影のところにあるからです（図22）。ほかの家はちゃんと光があるところでみんなで住んでいる。それが寂しくなって、バイオリンと傘を持って家を出ているのだと思います」

先生18「その一軒の家っていうのはどれ？　出てきて教えて」

（レイ、前に出て指をさす）（図22）


話題にしている部分が分かりにくいときは確認する。暗黙に合意できていると思い込むのは危険。全員が理解できているかを常に確認することが大切だ。

先生19「あぁそこの家にこの人がいたの？」

■図21

■図22

児童18（レイ）「うん」
先生20「そこから家出してきたのね。分かりました。はい、じゃあ、ヒトミさん」

家出という想像は、この絵の見方の重要な視点になる。児童と一対一のやり取りで「分かりました」と打ち切ったのが残念。この場面では、「家出という意見について、みんなはどう思う？」とほかの子どもたちに問い、全体の問題にしたい。また、「ひとつの家だけ仲間外れにされたように、影のところにある」という見方は、家を人と同一視した比喩的な見方で興味深く、この意見を焦点化してもよい場面である。

児童19（ヒトミ）「えっと、遠くの家よりもっと遠くの方に、山があるように見える」（図23）
（「あ〜!!」と感嘆の声が上がり、少しざわつく）

鑑賞が進むにつれて絵を熟視し、最初見えていなかったものが次第に見えてくる。私たちは、見ているものはすべて見えている（認識している）と思いがちだが、そうではない。

先生21「あれ山か！　なるほどねぇ。はい、はい、分かりました。（ここで挙手多数）ちょっと待って、先にそっちに、サキさん」
児童20（サキ）「ナギサちゃんとコウジロウくんの意見に少し付け足して、ナギサちゃんが

■図23

言ったように、バイオリンのコンテストに落ちて、この人はずっと落ちっぱなしだから、教えている先生から追い出されたみたいな感じ。右側の白い方が、音楽を教えている先生が住んでいるところで、そこから追い出されて、いまトボトボとまだもうちょっと遠い家に帰っているところの感じがします」

児童20（サキ）は児童09（ナギサ）の発言をもとに、人物と背景を関係付けて新しいストーリーをつくった。この発言には、対話の進行に沿って子どもたちがストーリーをつくり出す過程の特徴がよく表れている。

先生22「この人の家はここじゃない。もっと違うところにあるのね。はい、どうぞ」
児童21「体の体形は大きいけど、腕とかはかなり細い」
先生23「背は高いけれど、すごく細く感じる。あぁ痩せているんだ。どうぞ、まだある？」
児童22（シュン）「サキさんがさっき言ったことに似ているけれども、音楽があまりにも下手すぎるって言われて、出て行けって言われて（みんな笑い）どうしていいか分からなくなって、考えている」
先生24「考えているのかこの人は。もうおまえは下手だとか言われてね（みんな笑う）。あぁそれで、こうなっているのかと。はい、ミエさん」
児童23（ミエ）「私はナギサちゃんと同じで、バイオリンのコンクールに出ていたから、タキシードとかを着ていると思います」
先生25「あぁこの服装はコンクールに出ていたからってことね。はい」
児童24「ぼくには後ろの建物が、家じゃなくて、風車みたいに見える気がする」
先生26「風車。あれは風車ですか」
児童25「回るのがあるから。風車がある家っぽい」
先生27「あぁ風車なんだあれは。風車って何に使うの？」

子どもたちの意見はブレながらも男の境遇に焦点化してきている。「家じゃなくて風車」と言った児童24は、児童19（ヒトミ）の発言よって山を認識したときに家も凝視し、風車の羽根に気づいたのだろう。

児童26「エネルギー」
先生28「エネルギーって？」
児童27「風力発電」
先生29「風力発電ね。あぁここで電気つくっているのね。そういうのかもしれない。はい、どうぞキヨハラさん」
児童28（キヨハラ）「今日この人はコンクールみたいなので、疲れてぐったりしているように見えます」

先生30「力出し切って疲れてしまって、棒みたいになっている。チヒロさんは？」

「疲れてぐったりしているよう」という意見を「疲れてしまって、棒みたいになっている」と言い換えたのは秀逸。この人物が痩せているという児童21の意見とも関連付けた言い換えである。

児童29（チヒロ）「ユウヤくんが顔色悪いと言った、私は顔色が悪いというか、目の周りとかが青」

先生31「目の周りが青い。コウジロウくんどうぞ」

児童30（コウジロウ）「音楽に明け暮れてしまって、なのに全然うまくならなくて、なんかもういじけた感じで、何も食べずにいたら、こんなに痩せっぽちになってしまって、しかも傘で地面いじって、なんか醜いかな」

先生32「これ傘かね。最初シュンちゃんが雨が降っているって言ったけど傘を持っているのね」

（コウジロウは前へ出てきて説明する）

児童31（コウジロウ）「なんか、口がねぇちょっと開いている感じがする。いろいろ愚痴のようなことを言っている」

先生33「愚痴を言っていると。いい？　愚痴を言っている」

児童32（シュン）「コウちゃんのと、おれの意見と合体できるんじゃないかな？」

先生34「できそうですね。はい、サキさん」

児童33（サキ）「さっきの意見に付け足しで、左側の暗い方の家を追い出されて、そこの大家さんが習っていた先生なので、それだから追い出された。コンクールに落ちてしまったとか悲しいことだから、バックの色とかがすごく暗い。それから私のイメージでは、ああいう風車があるところにはけっこう花があると思っていたけど、コンクールに落ちた悲しみを表すので、雰囲気を暗くしているんじゃないかなぁと思いました」

先生35「あぁ風車のイメージってやっぱ、花が咲いている感じですね。花がないというところが暗そうですね。おもしろいね。はい、どうぞ」

児童33（サキ）は、たどたどしくも、絵の描写や色が人物の心情を表しているということに気づいた発言である。悲しみを表すために風車と花というイメージをあえて描かなかった、という指摘も鋭い。一〇歳の子どもでもこの程度に、作者の表現意図について考えることができるのである。

児童34（リョウタ）「右側の明るい風車の左側（建物の左半分を指す）が明るくて（矢印）、半分より右側（建物の右半分を指す）が、ちょっと暗くなっているので、左側から

光が当たっている」（図24）

先生36「なるほど。こちら側から光が当たっているの？　あぁなるほどね。はい、ヒカルさん」

児童35（ヒカル）「リョウタくんが言っていたように、左側から陽が当たっていたとしたら、絵の左側の風車に陽が当たっていないので、その風車の前というか、すぐ近いところに、また、別の家があるんじゃないかなと思いました」

先生37「どっち？　どこに？　どこに別の家があるの？」

人物の左側にある家に陽がまったく当たっていないことを問題にしている。それは絵の外側に何か大きなものがあるからではないかと、この子どもは言いたいのである。子どもは描かれていないものの存在を想像しているのだ。すでに児童17（レイ）が「ひとつの家だけ仲間外れにされたように、影のところにある」と言っているので、この場面ではそれと関連付けることが望ましい。

児童36（ヒカル）「別の家はまだ見えてないけど、でも、ここのハウス（人物左の建物を指す）は、左半分のところで陽が当たらないかんのに、だから、ここらへん（絵の外側）に何か建物があるんじゃないかなぁ」

先生38「で、それで、影になっているということね」

■図24

児童37（ヒカル）「それで、全体が影になっている」
先生39「すごい、なるほどね。すごい。左の風車は全体が影で半分影などになっていないから、何かの陰になっているのではないか。最後にコウジロウくん、短く言ってくれる？　お願いね」
児童38（コウジロウ）「この人は何というかね、生きていくのが嫌になった感じがして、都会の方から家出したけど、道も方向も間違えて、何にもない、ただ風車があるだけのこんな場所に来て、もう食べ物も残っていないので、こんなに痩せ細ってしまった」
先生40「旅とかに行っているんじゃなくてね」

四年生の語彙に「さすらい」は稀だろう。しかし、子どもたちの発言は「さすらい」のイメージをきちんととらえている。「さすらいとはけっして遠くの見知らぬ地をさまようことではなく、身近な日常生活でのすべてなのだ」という画家の言葉[★1]を思えば、「旅とかに行っているんじゃなくてね」という先生40の言い換えは絶妙というほかない。児童38（コウジロウ）の発言を踏まえて、「さすらい」という言葉で言い換え、絵の題名と関連付けてまとめてみよう。

〈まとめ方の例〉
じゃあみんなの言った意見をまとめてみるね。タキシードを着てバイオリンを持っているので、コンクールに出たんじゃないか。けどこの人はそのコンクールに落ちて、ショックでショ

［★1］スタジオK編『斎藤真一さすらい記：なつかしき故里をもとめて』展覧会図録、朱雀院、二〇〇三年、四頁

ボンとしているんだね。この顔はすごく青白くて、体もすごくヒョロヒョロして細いから、幽霊のようだ。ひとつだけ仲間外れのように影の中にある風車みたいに。この人は落ち込んでいるから、その悲しみを表すためにこの絵は色も暗く、周りも寂しく描かれているんだ。

音楽の先生に叱られて追い出されて、生きていくのが嫌になって、道に迷い雨に打たれながらさまよっているんじゃないか。あてもなくさまようことを「さすらい」といいます。この絵の題名は《さすらいの楽師》。みんなが言った意見がこの題名に全部入っていますね。

2―中学校事例――ナビゲーションとリレーションの実際2

次に中学校での授業の様子を紹介しよう。マルク・シャガールの《旅する人々》［191頁］を中学一年生が鑑賞した授業である。生徒の多くは小学校で鑑賞授業の経験がなく、対話による美術鑑賞の授業も初めてだったが、ベテランの先生の丁寧な授業進行によって深まりのある授業になっている。


先生01　「では、まずこの絵をしっかりと見てください」

（生徒が作品を見ている。約三〇秒）

「はい。それではこれから見えたことや、気づいたことをみなさんに発表してもらいます。人の発表をしっかり聞いてください。これが大事なポイントです。発表するときは手を挙げてください。それから発表にあたっては、これを言ったら受けるだろう、というような受けねらいはやめて、思ったこと考えたこと感じたことを素直に発表してください。それが大事だと思います」

「ではこの絵の中で何が起こっているでしょう。あるいは気のついたことは何ですか？　はい。では聞かせてください」

（一斉に手が挙がる）

「いっぱい挙がった。じゃあ、Aさんどうぞ」

生徒01「なんか……野外のコンサートみたい」

授業の初めには「みる・かんがえる・はなす・きく」の四つの学習のポイントを示すこと。中学生の場合はとくに聞くことを意識づ

■図25｜この授業で育成する資質や能力（○）と学習課題（ア〜エ）

○主体的に学習に取り組む態度
ア〜エの課題に対して、主体的に取り組む。
○作品を鑑賞して感じ取り考える能力
ア　感性や想像力を働かせてよさや美しさを味わう
イ　作品に対する自分の思いや考えを説明し合い、自分と他者の共通するところや違いに気づき、見方や感じ方、考え方を広げる。
○造形的なよさや美しさなどを感じ取る能力
ウ　形や色彩に視点を置いて作品を鑑賞し、よさや美しさを感じ取ったり考えたりする。
○作者の心情や意図と表現の工夫を考える能力
エ　作者の心情や意図と表現の工夫、作品が表している内容を形や色彩などから自分として根拠をもって読み取る。

け、受けねらいの発言を抑制することが大切。この例のように指示し、まず生徒に集中して絵を見るように促すことが必要である。

先生02「野外のコンサートね。どこで感じましたか、コンサートって」
生徒02「なんかバイオリンみたいなのを持って……」
先生03「バイオリンみたいなのを持ってる?」
生徒03「赤い人が……」
先生04「あっ、この人ね。バイオリン持ってる」
生徒04「で、家とかが……」
先生05「コンサートだね」
生徒05「外」
先生06「外。野外コンサートだね」

生徒は考えをまとめてから話すとは限らない。思っていることを少しずつ話すタイプの生徒に対しては、このように先生が発言を繰り返したり、言葉を足したりして生徒の次の言葉を促すことが大切である。

先生07「はい。じゃあ次、手を挙げて。はい、どうぞ」

生徒06「天国と地獄みたい」
先生08「うん、天国と地獄？　ほかに天国と地獄に見えた人いますか？　いるんですね。あとで聞かせてください。じゃあ、天国と地獄説。補足してください」
生徒07「上の方は天使がいるみたいで……」
先生09「天使が。天使っていうのはどんなの？」
生徒08「赤いのが羽で」
先生10「ああ、この人が天使か」
生徒09「下は暗くて争いごとがいつでも起きそうな……」
先生11「これ？　この緑の部分？　争いごとが起きそうな気がする。争いごとっていうのは何？　何で争いごとって感じましたか？」
生徒10「馬に乗っている人たちが武器っぽいものを持っているし……」
先生12「馬に乗っている人。この人？」
生徒11「何か変なものを着けているし……」
先生13「変なもの着けている、これ？　服装のことかな？　はい。服装がそんな感じがする。ではほかに天国や地獄について。はい、どうぞ」
生徒12「まず、ここが地上じゃないっていう感じがして」
先生14「ああ、これ全体が地上じゃない？」
生徒13「何かありえないマグロみたいなのが飛んできたりして……」

先生15　「これですか？　ほかは？」
生徒14　「気づいたことでもいいですか？」
先生16　「気づいたことでもいいですよ。はい、どうぞ」
生徒15　「マグロの中に人、入ってる」
先生17　「マグロの中に人が入ってる！」
（「怖えぇ」「食われてる」との声が上がる）
先生18　「食われちゃった。これマグロの中に人が入っている。ほかに気づいたことないですか？　はいどうぞ」
生徒16　「えっと、マグロっぽいのの下にいる女の人の顔が二つある、ということです」
先生19　「この女の人に顔が二つあります」
（「本当だ」の声が上がる）
先生20　「「本当だ」の声がありますね。どうぞ。いいよ」
生徒17　「なんかこの中で戦いみたいなのが起こって、だから上の赤い鳥とか青い魚とかが、赤い人と緑っぽい人が戦って、下の人たちが応援しているみたいな……」
（「えっ、どれ？」と声が上がる）

この発言に見られるように、《旅する人々》を中学生が鑑賞した場合、絵の内容を争いの場面ととらえる見方が出ることが多い。

先生21「ほう、ほう、ほう。ちょっと待って。いま、組で見てくれたんだね。ペアでね。これとこれが戦って、これとこれが戦って。応援している。そういうふうに見える。はい、そんなふうに見えた人いますか？　どうですか？」

生徒の発言内容が全員に分かるように丁寧に説明している。また「そういうふうに見えた人いますか？」と、全体に問い返すことも大切なことである。対話が、発言する生徒と先生との一対一の関係で終わらないようにするためにも、全体へのナビゲーションは欠かせない。

生徒18「同じふうなんだけど、上の鳥と魚みたいなのが争ってて、右側のさっき言ってた顔が二つっていう人が悪魔で、左側のが天使みたいな感じだと思います」

先生22「うん、うん。どこで天使とか思ったの？」

発言の根拠を尋ねている。生徒の発言内容が、画面の観察の結果であれば「これですか？」とか「それは、どこのこと？」と確認し、考えたことや思ったことであればその根拠を尋ねる。

生徒19「羽みたいなのが生えているから」

先生23「羽が生えているから天使みたい。顔が二つあるから悪魔みたい。じゃあ、ほかに先生24 どうですか？ 違う見方をした人？」
生徒20 （一斉に手が挙がる）
先生25 「多いですね。じゃあ、はい。どうですか？」
「見方はまったく違うんですけど……」
「いいね。見方がまったく違う。こういうのはいいですね」

人と違う意見を言うのは勇気がいること。このように褒めることが大切。

生徒21 「結婚式っていうか、左側に演奏している人たちがいて、バイオリンみたいなのを持っていて……」
先生26 「バイオリンみたいなのを持ってるね。演奏しているね。確かに」
生徒22 「それで下にいる緑の人たちが見に来ていて、でも、そこにいる人たちはもう死んだみたいで、天国みたいなところで、緑の人は結婚できないまま死んじゃったみたいで。そういう感じ」
先生27 「ああ、この人たちはあの世の人たちね。あの世の人たち。結婚というのはどの部分で？」
生徒23 「そのマグロみたいな中にいる人が、ドレス着た人に見えたから花を持って結婚した人みたい」

先生28「ああ、そうだね。白いドレスを着て、花束を持って、空を飛んでいる。そんなふうに見えた。ね。だから結婚しているように見えたんだ。きっと目についたのは、これがポイントだったんだ。ぜんぜん違う見方が出てきましたね。演奏して、これは亡くなった方。暗いイメージじゃなくて。暗いイメージじゃないんですね。はい。どうでしょう。違う見方が出てきましたね。どうですか、みなさん？　これに関して。はい」

生徒24「この赤と緑の人を歓迎しているように見える」

先生29「歓迎という言葉が出てきた。またまた、違う見方が出てきましたね。歓迎。どの人が？」

生徒25「後ろの人や下の……」

先生30「この人たち。全体がね。どの辺で歓迎って思いましたか？」

生徒26「なんか花束を持っているし、喜んでいるように見える」

先生31「喜んでいるように見える。さっき、戦いの話をしたけど、これは喜んでいるんだよって。花束を持っているし、こうやって歓迎している感じがするって。それに付け足しはありますか？」

生徒27「そっちの顔二つある方が天国にやってきて、そっちの赤い方が「ようこそ」みたいな感じで、「わあ、仲間が増えた」みたいな感じで、その辺りの人たちも喜んでいる」

先生32「さっきまで争いの話だったけど、今度は「ようこそ」。「ようこそ」って真ん中の人が喜んでいる絵です。急に今度は明るい絵になりました。はい。ほかの見方はありますか？　はい」

生徒28「なんか女の人がバイオリンみたいなのを持っている」

先生33「あ、バイオリンみたいなのを持っている。それでバイオリン関係、何かありますか？　はい。どうぞ」

生徒29「私はチェロ」

先生34「あ、チェロね」

（笑声「どっちでもいいよ」と声が上がる）

先生35「ちょっと待って。あまり発表したときに笑われるといやな気持ちがするときがあるから気をつけよう。それは気をつけてくださいね。えっと、あとはどうでしょうか？　どんどんいきましょう」

他者の気分を害するような発言について注意を促している。いわゆる「つっこみ」発言は対話を和やかにする効果はあるものの、行きすぎると授業の目的を外れたり、他者を傷つけたりするおそれがある。

このあと授業では絵に描かれたさまざまなもの、月、魚、鳥、柵のようなものなどについて、生徒は各自の見方を語り合った。

ただし《旅する人々》は絵に描かれているものの要素が多く、注目する箇所が各自違うので、対話が散漫になりがち。後半の深い読みを促すためには、ここから中盤にかけての対話を丁寧に積み上げていく必要がある。

（中略）

生徒30「全体的に霧がかかっているっていう感じで、だけどなんだか緑の部分だけ、人がいっぱいあるところだけきれいに見える」

しばらくして、この生徒から色とイメージに関する発言が出てきた。もちろんこれはこの授業での展開であって、いつも色とイメージに関する意見が出てくるわけではない。

先生36「はあ、なるほど。いままでの見方とぜんぜん違う見方が今度は出てきました。霧みたいなのがかかっている。色がきれいに見える。はい。ほかはどうでしょう」

生徒31「全体的に暗いイメージがあるんだけど、右上の光とか、赤い羽のついている人とか、希望みたいなイメージの色もあるから、悲しいところと楽しいとか、暗い中にも明るい部分もある」

先生37「ほう。暗い中に、これとこれ（画面右上部分や左の人物の羽を指す）。こういうところは色が明るい感じがする。暗さと明るさが交じっている絵ってことかな。なるほどね。ほかにそれに関連する意見ありますか？　似た意見とか付け足しとかありますか？」

生徒の発言に「なるほどね」と同意したり、「これとこれが」と絵に帰って確認したり、「似た意見や付け足しはありませんか」と学級全体に目を向け対話を方向づけている。

生徒32「赤い人は感情があって温かい感じに見えるけど、緑っぽい人は感情がなく冷たい人に見える」

先生38「緑っぽい、こっちの人たちね。こっちが温かい感じで、こっちが冷たい感じがする。色からきているんだね、イメージが。なるほど。ほかどうですかね？」

生徒33「色を見ていたら、反対色なので、赤い人は赤いものを持っているし、緑の人は顔も緑っぽいので性格というか、そういうのも反対みたい」

先生39「じゃあ、性格が反対なことを表している。色が反対だからね、ちょうど。赤と緑ね。なるほど。色に注目したらそう見えてきたんですね。はい。どうぞ」

生徒34「この絵自体が夢の中みたいなので、ところどころに人がいっぱいいます」

先生40「ああ、夢の中みたいね。何で夢って思ったの？」

生徒35「いろんなものが、ぼやけて見えていたり、はっきり見えていたりする」

先生41「ぼやけていたりはっきり見えていたり、いろんなものがあるから夢みたいって思った」

「この絵自体が夢の中みたい」というのは、核心を突いた発言である。色とイメージに関する話題の中で、みんなの発言に触発されて気づいたのだろう。

生徒36「戦いをやっていて戦いが終わったみたいな感じで、赤の人の方が勝って緑の人の方が負けたみたいな感じで、だけど、右にある花は捨てられた花をもう一回あげたみたいな感じ」

先生42「はあ、はあ。これが捨てられた花？」

生徒37「はい」

先生43「なるほどね。さっき戦いだって言ったけど、戦いはもう終わって平和なイメージ？　平和なイメージっていう感じがします。はい、ほかはどうですか？」

生徒38「赤い鳥と青い魚がさっきまでは何なんだろうと思っていたんだけど、赤い鳥の方は赤い天使みたいな人の心の実体化？　みたいな感じで、青い方は緑の悪魔みたいな人の心の実体化なんじゃないかなと思いました」

ここで生徒は「赤い鳥の方は赤い天使みたいな人の心の実体化」「青い方は緑の悪魔みたいな人の心の実体化」と、描写の形と色を関連付けて、そこに象徴的な意味を見出している。形と色を比喩や象徴ととらえる見方は中学生の頃から顕著になってくるが、理解できない生徒もいるはずである。この種の発言は丁寧に扱いたい。

先生44 「ほうほう。赤い鳥はこの人の心で、この人の心は青い魚だっていう見方ですね。はいどうぞ」

生徒39 「その上の動物も鳥と魚では全然真逆の動物だなっていうことが分かりました」

先生45 「おお。そうだね。真逆の動物だね。色も逆だね。さっき色に注目して色も反対で、描かれているものに注目したら描いているものも反対でした。ほかはどうでしょう?」

生徒40 「鳥は空を飛んでいて、魚は海の中にいて、あと馬は陸にいるので、空と海と陸がそろっていて」

先生46 「ああ、この絵の中に全部そろっているんだね。空と海と陸とね」

生徒41 「さっき緑の女の人の顔が二つあって緑色と白色だって言ってたんだけど、それが二重人格を表していて、白の方が穏やかな優しい感じの人で、緑の顔の人は戦いが好きとかそういう乱暴な感じ。顔で二重人格を表しているんじゃないかと」

先生47 「なるほどね。表情まで見ていましたね。じゃあ、ちょっと隠してみたらどうでしょう。ここだけ注目して見ますか。確かに優しく見えますね。こっちを見るとまた違って見えますね。そういうことを表しているんじゃないか。だから単純にいまの意見は悪魔とかじゃなくて、二重。いろんな複雑なものを表しているという話です。ほかはどうでしょう。そうするといろいろな違ったものが見えてきます。いろいろ違って見えてきますね。まだ発言していない人いるかな？　はい、どうぞ」

生徒41は色とそのイメージについて考え、顔が二つあるという形の意味を考えていき、二重人格を表しているという考えに至った。これは複雑な思考であるので、先生は絵のその部分の半分を交互に隠して見せ、見え方が違うことを確認している。的確な対応である。

生徒42「さっき心の実体化という意見があったけど、もっと見たら顔の向きとか角度とかが同じような感じだから、やっぱりそうなのかなと思いました」

先生48「補強の意見ですね、顔の向きとか角度のことから話してくれましたね。はい」

生徒43「赤い人は女と男でプロポーズしている」

先生49「ほう。プロポーズ。これ、実は男の人でプロポーズしているんだって。結婚してくださいって言っている感じ。戦いとは全然違う話になってきたね」

（**「そう言われてみれば」**と声が上がる）

先生50「そう言われてみれば、そうだね」

生徒44「場所によって場面的なものが違うというか……」

先生51「場所によって描いているものが違うというか、描いている場所によって場面が違うということね。そうだよね。場面、いろんな場面が絵の中に描かれている。いろんな場面がね。なるほど。最初見たら戦いという話が出てきたね。それから暗い絵なんだけど希望があるというのも出たね。霧が出ている、希望は色がこうだとか。それから描かれているものとか色の関係からいろんな場面が描かれているとか。いろんな海とか空とか陸も現れている。時間のことも出てきましたね。真ん中の人は楽しそうに見えるというのも出てきましたよね。ほかはどうでしょう」

生徒45「さっき誰かが言っていた戦争が終わったあとって意見なんですけど、終わって上の勝った人が花を渡して手をつないで楽器を持っていって演奏をしたり、真ん中の人たちは『イエーイ』って喜んでいるみたいになって……」

生徒36の「戦争が終わったあと」という発言は、そのあとの発言が色とイメージについて集中したため進展しなかったが、生徒45は心に留めていたのでこの発言につながっている。

先生52「要するにいろんなことがあって、平和になって音楽を奏でている。祝っている。そういう絵なんだと。そういう見方をしてくれました」

生徒46「なんか全体的に見てみるとピカソの絵に見えて。一番そう見えるのが右の女の人で、ピカソの絵のつくりの顔に見える」

先生53　「ああ、ピカソに似ている。みんなピカソの絵、知ってる？（一斉に「知ってる、知ってる」「顔がいろいろある」「ごちゃごちゃ」との声が上がる）うん、あの描き方に似ている。なるほど。今度は美術的な見方が出てきましたね。もっと聞きたいところだけど、この辺でまとめましょう」

シャガールのパリ時代の作品にはキュビスムの影響が見られ、ピカソに似ているという指摘は正に核心を突いている。この生徒はそれを書物からではなく、自分の目を通してつかみ取った。このようなことが頻繁に起こるのが、対話による美術鑑賞の醍醐味である。

〈まとめ方の例〉

ちなみにこの絵の題名は《旅する人々》。シャガールという画家の描いた絵です。いまピカソの絵に似ているっていう意見が出ましたが、シャガールは若い頃にキュビスムの影響を受けた絵を描いています。ではシャガールについて見てみましょう（シャガールの経歴やその時代背景を映像で見せる。資料を配る）。資料にも載っていますから調べてみてください。では片付けましょう。

3　中学校事例――授業の進行に沿った見方の広がりと深まり

小学校と中学校の二つの授業例を紹介したが、授業の進行に沿って子どもたちの見方が広がり、また深まっている様子に気づかれたことと思う。子どもたちが潜在的にもっている鑑賞能力は計り知れない。その能力を引き出し、高め、子どもたちに美術作品を見ることへの自信をつけることが先生の役割だ。対話による美術鑑賞の授業は、そのきっかけとなる大切な授業である。

この授業を教育計画に位置づけて計画的に取り組めば、子どもたちの鑑賞能力は驚くほど伸びることだろう。自分の目で見て自分で考えるという意味での鑑賞能力だけでなく、話したり聞いたりする言語能力やコミュニケーション能力、自己を相対化して見つめる力、他者を理解する態度なども併せて伸びることが期待される。

このような成長は、すぐに確認できるような形で現れてくるものではない。ゆるやかなスロープを上るように、経験の積み重ねが成長を促す。長いスパンで見守り、少しの変化を見逃さず支援していくことが大切である。

しかし、子どもたちの見方の変化は、一時間の授業の中でも現れる。そのことも授業をする際の心構えとして頭に入れておいていただきたい。これは授業の進行を考えるうえでも役に立つ。では、実際の授業例をもとにして説明しよう。

菱田春草の《落葉》［4-5頁］を中学二年生が鑑賞した授業である。本書の冒頭頁のもとになった授業である。このクラスは対話による美術鑑賞の授業が今回で二度目ということだが、いかにも中学生らしい発言が各所に見られる。授業の導入段階の単純な発言が中盤での広がりを経て終盤の深い読みに至る過程は、中学二年生段階の授業進行の典型例といってよい。

① 授業の導入段階：画面上の観察

授業の導入段階における子どもたちの発言の多くは観察の報告である。絵の内容について、何がどこに描かれているか、何を自分が見つけたかというレベルの発言がほとんどだ。自分が見たこと、表象された対象について語るのである。

先生　（授業の説明のあと）「じゃあ、何が見えますか？」
生徒　「木」
先生　「木ですね」
生徒　「草」
生徒　「鳥」

対話による美術鑑賞の授業に慣れていない学級では、このように生徒からの発言に脈絡がなかったり、「木」「鳥」のような一語文であったりする。中学生なのだからもう少し自分の考えをまとめて発言してほしいと思われるかもしれない。しかしこの学級では、この段階でそれを求めるには無理があった。

生徒は文学作品のような言語テクストの読解には慣れているが、絵画のような非言語テクストの読解を授業で行うのは稀である。そのため導入段階では、どのように些細な生徒の発言でも先生は受け入れて理解しようとし、共感し尊重する姿勢が大切になる。

先生「鳥、分かる？　みんな見つけた？　大丈夫？　これだけじゃない、ほかに何かいる？」
生徒「秋」
先生「そうだね。秋が描かれている」
生徒「秋なの？　冬じゃない？」
先生「冬？　冬じゃないかって」
生徒「秋でしょう（みんなざわめく）。だってさ、霧が出ている」
先生「霧？　秋、冬、霧」
生徒「霧っていうか、地面浮いてね？」
生徒「確かに」
先生「地面が浮いてる。浮いてる？」
生徒「霧だったら下、あまり白くない。秋だと思う」
先生「どうでしょうか？」

地面が浮いているという生徒の発言は興味深い。描かれたものを見るのではなく、描かれた空間を見ている。空間を感じ取っているのだ。

作者である菱田春草は、この絵を第三回文部省美術展覧会に出品する間際になって地面の描写を消し去っている。地肌の描写をなくすことによって無限の空間がそこに広がる効果をねらったのだろうか。この場面では「いま地面が浮いて見えるっていう意見が出ましたね。もう少し詳しく話して?」と掘り下げ、その根拠を考えさせる発問が望ましい。

② 授業の中盤:描写や画面構成の工夫、描かれたものの象徴性の発見

生徒　「木って縦に長いのに紙を横に使っていて、なんか上の方が描かれていなくて、そこに緑の木があるんで、それが描きたかったのかなあと」

美術の時間などでこれまで自分が絵を描いた経験をもとにして発言している。この発言にも「自分と重ねて見る」という見方が現れている。また同時にこの生徒は画面の縦横比率と描写対象との関係について疑問をもち、唯一対象の全体が描かれている杉の若木に注目し、「(作者)はそれが描きたかったのかなあ」と思いを巡らせている。描かれたものから作者の意図へと見方が広がっているのである。

先生　「ふーん、おもしろいね。みんな木を描くとしたら、縦に描きそうな気がしない？　これ、上の方を描かないいんだね、あえて」

生徒　「緑の木の下の方も描いていない」

先生　「描いてないね。でもいまのだと、これを（緑の木を指す）描きたかったのかなって。新しい見方だね。これを描きたかったんだ？　作者」

生徒　「作者は鳥と緑の木を描きたかったと思います」

先生　「あ、鳥と緑の木ね。何かストーリーみたいなのを感じる？　何かある？」

生徒　「その緑の木を最初はメインにして描こうと思って描いたと思うんですけど、そしたら右側に鳥がいてなんかバランスが悪くなって、すごい右側の下の落ち葉とか多くして、木も、木の色も濃くとかしたりして、すごいバランスがとれていると思いました」

最後の発言から、生徒は絵の全体を意識して見始めていることが読み取れる。緑の木、鳥、落葉のそれぞれの描写と画面構成の工夫を自分なりに発見している。また、この生徒の発言はこれまでのほかの生徒の発言がもとになっており、ほかの生徒の発言をしっかり聞き留めていることが分かる。

先生　「ほう、バランスね。強いところと弱いところと詳しく説明してくれたね。絵の上でバランスとってるんじゃないか。すごくおもしろい。はいどうぞ」

生徒　「人の気持ちにたとえると、失恋したあとに恋が芽生えて緑色の木が生えてきたときっていう感じ」

若木が生えてくることに恋の芽生えを感じ取ったこの生徒は、描かれたものの象徴性を読み取っている。中学生の頃からこのような解釈ができるようになり、またそうした見方を好むようになることに留意しておきたい。恋愛は中学生にとっての大きな関心事であるが、それを自分の解釈として発言できる学級環境がなければ、この発言は出なかっただろう。日頃の学級経営が大切だということである。

先生　「どう、いまの解釈？」

生徒　「冬説、秋説、恋愛説」

先生　「この木が恋の芽生えね、失恋のあとの。希望ね。希望の木。作者は描きたかった、実は。この緑の木を。なるほどね。おもしろい」

先生の「希望の木」という言い換えも適切。この作品を描いた当時、病に蝕まれていた作者にとっても希望の木であったのかもしれない。

③ 授業の終盤では：画面全体についての象徴的解釈から主題の探究へ

生徒　「後ろに行くほど木が傷ついていて、前の方が緑で新しい。たぶんその緑の木はおとなになるような木に成長するから、まだできたばっかりで。その前に小鳥がいるから前に行くほど生まれたばかり」

先生　「どうでしょう。そうなってるなあ。後ろの木は古いんじゃないか。おもしろい。なんておもしろいんだ」

生徒　「この広野の中で生き物がいたから、描いた人はその素朴さみたいなのを表したかったんじゃないかと」

先生　「これ、すごく広いよね。すごいね、とんでもなく広い」

生徒　「えっと、この緑の木は、これは夏を表していて、この全体は夏が終わったあとの秋とかそんな感じで、鳥は夏を恋しく思っているから、またその何ていうんですか、来年の夏が待ち遠しい」

先生　「最後は時間の経過を話してくれましたね。おもしろい。来年の夏か……。この絵を描いたとき作者は病気で療養中だったんだね。みんなにとって来年の夏は待ち遠しいものだけど、作者はどう思っていたんだろう。そんなことも考えながら授業を振り返り鑑賞文をまとめてください」

生徒たちは画面全体の象徴的解釈を行うようになった。前景と後景の木の描写の違いから、ひとつの空間の中に時間の変化が表されていると感じ取ったのだ。それは主題の探求にもつながる。この絵の全体は夏が過ぎた季節を描いているが、緑の若木は夏の象徴であり、鳥は来年の夏を待ち遠しく思っている。

作者の春草にとって来年の夏を待つということの意味は常人とは違っていた。これは死の二年前に描かれた作品。衰えいく視力と体力の中、療養先の代々木の雑木林を見つめながら描いた《落葉》。緑の若木に春草が託した思いを中学生は彼らなりに追体験したといえよう。

結びにかえて

対話による美術鑑賞は集団による意味生成である。これは学校教育という制度の特性を生かして実施されるが、いずれ生徒はみな卒業し市民となる。そしてひとりか二人で美術館を訪れるのだ。十人以上の集団で訪れて鑑賞することはまずないだろう。結局、人はひとりで美術と向き合うのである。

そのとき作品と対話できるか、作品を通して自己と対話できるかが、美術を鑑賞する至福の時を過ごせるか否かの分かれ道になる。美術が分からない、美術が苦手という人の多くは分かれ道で立ち止まり、逡巡し、違った道を歩んでしまうのだろう。

俯瞰してとらえれば対話による美術鑑賞は通過点である。学校教育それ自体も人の一生からとらえれば通過点に過ぎない。学習を通して培われた力が、その後の生徒の人生でどのような役割を果たすのかという視点を忘れてはならない。

作品の意味をいかに生成するか、どれほど深く読み取るかというような目先の目標に安住していては、何人もの生徒を必ず落ちこぼれにしてしまう。作品にばかり目が行きがちで生徒に目が届いていないようでは、対話による美術鑑賞とはいえない。一人ひとりの鑑賞のあり方を見つめながら、個々の価値形成と集団の意味生成を目指してほしい。どの子もいずれ市民となり、ひとりで作品の前に佇むのだから。

解説

美術鑑賞教育の過去、現在、未来

青柳正規
元文化庁長官
東京大学名誉教授

欧米の美術館に行くと、子どもたちが作品を囲み、先生とともに語り合う場面に遭遇することがよくあります。言葉は聞き取れなくとも、手を挙げて語るしぐさや表情から彼らが先生の話を静かに聞くだけではなく、作品に対する自分の感情や考えを語り合う鑑賞をしていることが読み取れます。

このような鑑賞方法を子どもの頃から体験し、回数を重ねておとなになっていく環境は素晴らしいものだと思います。作品や作家についての知識や解説を教わって終わるのではなく、自分の関心や経験や知識に基づいて作品を見ることが大切にされ、そして語り合う。当然のことながら、注目する部分や解釈の仕方、表現のとらえ方は人それぞれに違います。そこで浮かび上がるものは、同じものを見ているのにどうして人は違う見方をするのか、という哲学のような問いです。人と人とが理解し合ううえでこれほど大切なことはありません。作品の理解を通して、ものを見る力や考える力やコミュニケーションする力など、人間が生きていくために必要とする力がつく鑑賞方法ではないでしょうか。

本書は、このような鑑賞を「対話による意味生成のための美術鑑賞」と定義づけ、それに至る美術鑑賞の日本での歴史と、学びの現場での実践ノウハウをまとめ上げています。筆者がいままでに研究と実践を重ね、さまざまな場で発表してきたものや「対話による意味生成のための美術鑑賞」の実践をしてきた人々の記録を精査してまとめた貴重な一冊です。美術館で、学校で、子どもたちの学びを拓くために美術鑑賞の機会をつくるエデュケーターや先生たち、あるいは美術と社会をつなごうとする人たちのための、初めての本質的な教科書ともいえるでしょう。

物事の現在、未来を考えるにあたって、歴史はマクロな視点をもたせてくれます。たとえば筆者は本書の第一部で、「対話による鑑賞」を巡る誤解……たとえば一九九〇年代にニューヨーク近代美術館から日本に輸入された鑑賞手法であるとか、対話による鑑賞では美術に関する知識は不要といったこと……そのような誤った歴史的認識を正すだけでなく、学びのための美術鑑賞という視点から、深く考察して解きほぐしています。

本書によれば、「美術作品を見て語り合う」鑑賞方法は、戦後間もない頃から日本でも行われていたということです。鑑賞教育が大きなムーブメントになっているいま、対話による美術鑑賞がさらに広がっていくことを願ってやみません。

美術の素晴らしいところは、その色彩や形態が見る人の心に直接語りかけてくる点です。世界中のどこの国の人にも分け隔てなく語りかけてくる。だからこそ美術は人と人とをつなぎ、国と国をつなぎ、文化と文化をつなぐことを可能にするのです。

巻末資料

巻末資料Ⅰ　日本における「対話による美術鑑賞」受容年譜

※本文中に掲載のある書籍・論文の詳細は省略、または参照頁を掲載。
※科学研究費補助金研究は「科研」と略式表記、詳細は本文の該当箇所を掲載。

年			実践、講演、セミナー、関連出版物など		行政の動き、教員研修、学術研究の論文・発表など
1947	(昭和22)				文部省『学習指導要領図画工作編(試案)』
1952	(昭和27)		デューイ著『経験としての芸術』翻訳版発行(春秋社)		
1973	(昭和48)		静岡県浜松市立南陽中学校での鑑賞授業実践		
1989	(平成元)				文部省『学習指導要領』改訂告示、「新しい学力観」が登場
1995	(平成7)	8月	アレナス・ヤノワイン来日、「ミュージアム・エデュケーションの理念と実際~ニューヨーク近代美術館の事例に学ぶ~」開催(水戸芸術館現代美術センター)		
1996	(平成8)		アレナス、スタッフ研修会(豊田市美術館)		
1997	(平成9)	7月	アレナス、子ども向けの対話によるトーク(川村記念美術館)	11月	『美術館の教育普及・実践理念とその現状：教育普及ワーキンググループ報告書』(全国美術館会議)刊行
1998	(平成10)	2月	アレナス著『なぜ、これがアートなの?』発行(淡交社)		
		7月	「なぜ、これがアートなの?」展開催(豊田市美術館ほか)		
1999	(平成11)	9月	NHK「最後の晩餐・ニューヨークをゆく―僕たちが挑むレオナルドの謎」放映	3月	上野、論文「美術館教育の教育理念に関する一考察」『美術教育学』第二〇号(美術科教育学会)
		12月	同番組が日本賞グランプリを受賞		上野、論文「美術館との連携教育」『教育美術』六〇号(教育美術振興会)
2000	(平成12)	6月~	奥村ほか、《ゲルニカ》を用いた対話による美術鑑賞授業	3月	上野、論文「アメリア・アレナスの鑑賞教育」→八六頁★17
		7月	シンポジウム「まなざしの共有」開催(横浜シンポジア)	7月	上野・岩崎多賀子、論文「VUEの鑑賞教育について」『高知大学教育学部研究報告』六〇号(高知大学)
		8月	NHK「モナリザ　なんであなたは名画なの?」放映		上野、論文「Is This Art?の作品選定に関する一考察」『高知大学教育学部研究報告』六〇号(高知大学)
			浦安市立浦安中学校二年生対象のトーク実施(川村記念美術館)		

2001（平成13）

3月 上野監修『まなざしの共有』発行（淡交社）
4月 アレナス著『みる・かんがえる・はなす　鑑賞教育へのヒント』発行（淡交社）
7月 「高知の美術館と学校の連携を立ち上げる会」発足
7月 「アレクサンダー・カルダー作品を用いた対話による美術鑑賞の公開授業」高知県立美術館
8月 成田市立加良部小学校四年生対象トーク（川村記念美術館）
6月 『「対話と連携」の博物館：理解への対話・行動への連携：市民とともに創る新時代博物館』刊行→八六頁★18
7月 河村章代ほか、研究発表「学校と美術館の連携型カリキュラム」（高知大学、日本カリキュラム学会、日本教育大学協会）
8月 上野、三重県政策研究セミナー「対話による美術鑑賞の魅力」
8月 上野、高知市教育研究会講演「まなざしの共有」
11月 上野、研究発表「大学を核とした地域の教育創造—高知における学校と美術館の連携教育の創造に焦点をあてて—」（日本教育大学協会）

2002（平成14）

2月 美香市立大栃小学校四年生対象、対話による美術鑑賞トーク実施（高知県立美術館）
5月 上野、兵庫県立高等学校芸術科部会講演「鑑賞教育から拡がる芸術教育の可能性」（兵庫県立美術館）
6月 上野、企業役員レクチャー「子どもはモナリザをどう見るか」（日本写真印刷株式会社）
7月 米元麻利子、成田市立加良部小学校四年生対象美術鑑賞授業（川村記念美術館）
「オシャベリ@美術館」（丸亀市猪熊弦一郎現代美術館）
3月 上野、論文「学校と美術館が連携した鑑賞教育の実践研究—伊野町立枝川小学校と高知県立美術館との授業づくり」『高知大学教育実践研究』一六号（高知大学）
岩崎・上野、論文「ゲルニカの鑑賞をめぐって」『高知大学教育実践研究』一六号（高知大学）
上野、論文「学校教育における美術鑑賞の方法論に関する一考察」『高知大学教育学部研究報告』六二号（高知大学）
4月 文部科学省「小中学校の新学習指導要領」施行
通年 上野・坪能由紀子、科研「公立文化施設における創造的な芸術教育プログラムに関する研究」二〇〇二—〇四年→九二頁★22
「対話による鑑賞」、高知県教育センター主催専門講座

2003（平成15）

5月 くもん子ども研究所による「子ども美術鑑賞会」開催（高知県立美術館）
上野、講演「まなざし方式で育つ学力」（高知県立美術館）
1月 長谷川、研究発表「川村記念美術館鑑賞プログラムの活用を通して」
11月 岩崎・上野、研究発表「学校／美術館の連携による鑑賞教

	7月	くもん子ども研究所「子ども美術鑑賞会」開催（香川歴史博物館）		育をめぐって」大学美術教育学会
	11月	アレナスほか、「美術鑑賞教育セミナー」開催（川村記念美術館）		上野、論文「子どもはモナ・リザをどうみるか」『文化高知』一一五号（高知市文化振興事業団）
		アレナス、ニセコ町立ニセコ小学校四年生対象の授業		上野・山下亮、研究発表「子ども美術鑑賞会の経過と成果」第五四回造形表現・図画工作・美術教育研究全国大会（日本教育美術連盟）
		公開授業「ボルタンスキー、キーファー作品の授業」（第四五回高知県造形教育研究大会）		蜂須賀正博・小杉・河村・澤本、研究発表「対話による美術鑑賞」第四六回日本教育美術連盟研究会
				高知県、高知大学の連携事業として「対話による美術鑑賞」の教科研修を指定
				アレナス講演（高知県立美術館、横浜都心部歴史的建造物文化活用実験事業）
2004（平成16）	9月	くもん子ども研究所「子ども美術鑑賞会」開催（ポーラ美術館）	12月	上野、論文「テートモダンが実施する「近隣地域のためのプログラム」の特質（2）：〈アフターアワーズ〉中等学校向けプロジェクトについて」『高知大学学術研究報告　人文科学』五四号（高知大学）
		第四六回高知県造形教育研究大会にて公開授業		
	11月	くもん子ども研究所「子ども美術鑑賞会」開催（太田記念美術館）		
2005（平成17）	3月	アレナス、対話による美術鑑賞トーク（京都市美術館）	3月	岩崎・上野、論文「テートモダンが実施する「近隣地域のためのプログラム」の特質（1）〈アフターアワーズ〉初等学校向けプロジェクトについて」、「英国の教育改革とミュージアム教育の変容：テートモダンの教育プログラムを中心に」『高知大学教育実践研究』一九号（高知大学）
	8月	上野講演「コミュニケーション能力と美術鑑賞」（高知市立一ツ橋小学校）	5月	奥村、論文「状況的実践としての鑑賞：美術館における子どもの鑑賞活動の分析」『美術教育学』二六号（美術科教育学会）
	11月	アレナス、鑑賞教育セミナー（岡山県立美術館）		
		アレナス、対話を通した鑑賞（山口県立美術館）		
	12月	アレナス著『mite! ティーチャーズキット全三巻』発行（淡交社）		
2006（平成18）	5月	「mite! おかやま」展事前研修（岡山県立美術館）	5月	一條、論文「美術鑑賞で「言葉の力」を伸ばす」『教育研究』

年	月	事項	月	文献・研究
	6月	第一回美術鑑賞教育フォーラム開催(東京、日本写真印刷株式会社)		二〇〇六年五月一日号(初等教育研究会)
	7月	アレナス、小学生対象のトーク(川越市立美術館) 「mite! おかやま」展開催(岡山県立美術館)	6月	上野、記事「アートが子どもの未来を変える―対話による美術鑑賞教育への試み」『美術画報』No.53(アートコミュニケーション)
	8月	国立美術館主催、第一回「美術館を活用した鑑賞教育の充実のための指導者研修」開催、奥村講演「創造的行為としての鑑賞」(会場=東京国立近代美術館)	8月	奥村、論文「創造的な学習としての鑑賞と指導法の改善」『初等教育資料』(東洋館出版社)
	通年	高知市立一ツ橋小学校全学年全学級で対話による美術鑑賞授業実施	9月	上野、論文「なぜ子どもに美術鑑賞が必要なのか」『美育文化』二〇〇六年九月号(美育文化協会)
			通年	上野・岩崎由紀夫・岡崎昭夫・奥村・日野陽子、科研「対話による意味生成的な美術鑑賞教育の開発」二〇〇六―〇八年→九五頁★27
2007(平成19)	2月	第二回美術鑑賞教育フォーラム「みて、対話する美術鑑賞」開催(高知大学)	3月	研究発表、岩崎ほか「対話による意味生成的な美術鑑賞教育の開発Ⅰ」、廣畑ほか「mite! おかやま」における鑑賞体験ツアーナビゲートスタッフの変容」、澤本芽ほか「対話する美術鑑賞に関する実践的研究」(美術科教育学会、金沢大学)
	3月	「mite! 見て!―あなたと話して、アートに近づく」展(川村記念美術館)	8月	岩崎ほか、学会発表「Curriculum Development of Art Appreciation Program through Meaningful Dialogue」(国際美術教育学会、ソウル大学)。同論文は日野ほか『アジア地域国際美術教育学会二〇〇七年報告書』に掲載
	4月	対話による美術鑑賞研修会(長野県東御市梅野記念絵画館)		日野、論文「鑑賞の質的共有を目指して―視覚に障害のある人々と共に行う美術鑑賞に学ぶ(2)―」『美術教育』二九〇号(日本美術教育学会)
	8月	上野・沼辺信一、講演「観る人がいなければアートは成立しない」豊田市美術館		
	9月	奥村、研修「鑑賞養育の意義―アートカードを使って―」長野県信濃美術館		
2008(平成20)	1月	中高生による美術鑑賞ワークショップ(兵庫県西宮市大谷記念美術館) 上野、対話による美術鑑賞研修会(長野県信濃美術館)	3月	文部科学省、小中学校「学習指導要領」を公示
			6月	上野、教員研修会講演「対話による美術鑑賞の授業」秋田市立千秋美術館
	2月	日野、研修「鑑賞・その原点に立ち返る―視覚世界を超え	8月	上野、北九州市教員研修講演「みることの教育」北九州市立

て対話の可能性を探る」安曇野市豊科近代美術館

第三回美術鑑賞教育フォーラム開催（高知大学）、「美術による学び研究会」設立

6月〜通年 「美術館でおしゃべりしよっ！—mite! ながの—」展開催（長野県信濃美術館、安曇野市豊科近代美術館、東御市梅野記念美術館、鳩椋十記念館）

7月 上野、講演「地域の文化・伝統と美術鑑賞」愛媛県美術館

奥村、講演「子どもたちの創造的な鑑賞とこれからの鑑賞教育」美術館を活用した鑑賞教育の充実のための指導者研修（国立美術館）

8月 上野監修『対話による鑑賞教育 図工・美術教師のための実践ガイドブック』発行（光村図書）

12月 上野、滋賀県立近代美術館研修講演「モナリザは怒っている!?」滋賀県立美術館

都筑編『観る人がいなければアートは存在しない！：対話による美術鑑賞の可能性について：美術館とガイドボランティア一〇周年記念誌』発行（豊田市美術館）

奥村・上野著『モナリザは怒っている!?』発行（淡交社）

2009（平成21）

2月 第四回美術鑑賞教育フォーラム開催（東京、文部科学省）

上野・アレナス、対話による美術鑑賞講演会（大阪府堺市）

6月 図画工作・美術の授業を活性化研修会（秋田市）

7月 第一回美術による学び研究会北海道旭川市大会開催

11月 第二回美術による学び研究会山梨県甲府市大会開催、シンポジウム「これからの鑑賞教育の在り方を探る」

美術館

研究発表、日野「Another Trend in Art Appreciation through Dialogues」、上野「対話による美術鑑賞教育の日本における受容過程」、奥村「美術教育における感性と認知の問題」（国際美術教育学会、大阪国際交流センター）

廣畑・日野・上野、論文「特別展「mite! おかやま」における鑑賞体験ツアーナビゲートスタッフの養成について」『美術教育』二〇〇八年二九一号（日本美術教育学会）

9月 上野、札幌市教員研修講演「みることの教育」

11月 奥村、研究発表「創造的な実践としての鑑賞教育—鑑賞活動の授業分析を通して—」（第四七回大学美術教育学会）

上野、西日本私立小学校連合会教員研修講演「モナリザは怒っている!?」

6月 上野、鳥取県教育センター教員研修「対話によって価値を創造する美術鑑賞」鳥取市

8月 上野、滋賀県教員研修「対話による美術鑑賞がめざすものの」滋賀県大津市

12月 上野、論文「表現と鑑賞による意味生成と対話」『学校教育』第一一〇九号（広島大学附属小学校）

通年 上野・一條・奥村・三澤一実、科研「対話による意味生成的な美術鑑賞教育の地域カリキュラム開発」二〇〇九—一一年↓一〇三頁★39

2010（平成22）

6月 上野、東京都図画工作研究会研修「対話による美術鑑賞」
第三回美術による学び研究会東京・府中大会＋第五回美術鑑賞教育フォーラム開催（府中市美術館ほか）

7月 上野監修『対話による鑑賞教育 中学校美術教師のための実践ガイドブック Vol.2』発行（光村図書）

8月 上野、長崎県教員研修「学校教育における美術鑑賞の必要性」長崎県美術館

9月 研究発表・上野「美術鑑賞教育地域カリキュラムの試案」、奥村「テート美術館の普及活動～日本の鑑賞教育との比較～」、一條「ルーブル美術館における教育普及体制とクラス・ルーブル」（第四九回大学美術教育学会）

11月 奥村、論文「高学年の鑑賞活動における指導計画作成のポイント」『初等教育資料』文部科学省教育課程課・幼児教育課編（東洋館出版）

2011（平成23）

2月 上野著『私の中の自由な美術』発行（光村図書）
第四回美術による学び研究会東北・秋田大会＋第六回美術鑑賞教育フォーラム開催（秋田大学）

4月 上野監修、NHK教育テレビ「高校講座 美術」放映開始

8月 対話による美術鑑賞実践研修会「対話による美術鑑賞授業がめざすもの」島根県立石見美術館
第五回美術による学び研究会滋賀大会開催

9月 研修会「対話による美術鑑賞教育」島根県立石見美術館
上野、講演「わたしの中の自由な美術」東京都国立市
一條・上野、韓国ソウル市ハヌル小学校での授業

4月 文部科学省「小学校学習指導要領」施行

6月 対話による美術鑑賞授業プロジェクト（小・中学校三一学級実施）北九州市立美術館

8月 上野、研究発表「対話による美術鑑賞教育」（滋賀県立美術館）
上野、講演「こどもの中の自由な美術」大分県教育委員会美術鑑賞教育指導者セミナー（大分県立芸術会館）

2012（平成24）

1月 第七回美術鑑賞教育フォーラム開催（東京、文部科学省）
上野、東京都中学校美術教育研究会講演「私の中の自由な美術」町田市立国際版画美術館

6月 上野、対話による美術鑑賞講演会（損保ジャパン東郷青児美術館）

7月 上野、講演「私の中の自由な美術」美術館を活用した鑑賞教育の充実のための指導者研修（国立美術館）

2月 上野、講演「対話による美術鑑賞とは」大和市「対話による美術鑑賞」事業シンポジウム（神奈川県大和市）、東京都町田市

3月 上野、論文「対話による美術鑑賞教育の日本における受容について」『帝京科学大学紀要』八号（帝京科学大学）

4月 文部科学省「中学校学習指導要領」施行

8月 上野、神戸市教育課程研修「教科書を活用した対話による

		奥村・長田謙一監訳『美術館活用術～鑑賞教育の手引き～』発行（美術出版社）		美術鑑賞授業」
				上野、鑑賞教育指導者セミナー「今なぜ対話による美術鑑賞か」大分県立芸術会館
	11月	第六回美術による学び研究会沖縄大会	11月	上野、島根県指導者研修「中・高等学校における言語活動を取り入れた鑑賞授業の工夫」島根県立美術館
		上野、講演「私の中の自由な美術―鑑賞教育で育む力―」香川県高松市、神奈川県横須賀市	通年	一條・上野・岡田・奥村・寺島洋子・藤吉祐子、科研「美術館の所蔵作品を活用した鑑賞教育プログラムの開発」二〇一二―一四年→一〇頁★1
2013（平成25）	2月	第七回美術による学び研究会栃木大会開催	10月	一條、報告書「米国の美術館教育リポート」『現代の眼』六〇二号、二〇一三年一〇―一一月号（東京国立近代美術館）
	3月	上野、講演「私の中の自由な美術―鑑賞教育で育む力―」長野県茅野市美術館		上野、島根県指導者研修「中・高等学校における言語活動を取り入れた鑑賞授業の工夫」島根県立美術館
	7月	上野、講演「知識創造社会の美術鑑賞教育のあり方」美術館を活用した鑑賞教育の充実のための指導者研修（国立美術館）	通年	上野・一條・岡田・奥村、科研「学校と美術館の連携による美術鑑賞教育モデルの開発」二〇一三―一五年→一〇七頁★42
		上野、講演「対話による鑑賞」全道造形教育研究大会・北広島市		
	8月	上野、講演「わたしの中の自由な美術」神奈川県公立中学校教育研究会（横須賀市）		
	11月	第八回美術による学び研究会大分大会＋第八回美術鑑賞教育フォーラム開催		

巻末資料Ⅱ｜育成する資質・能力・学習課題に応じた鑑賞授業作品例

■小学校の作品選定例

	育成する資質・能力	小学校 第1・第2学年	小学校 第3・第4学年	小学校 第5・第6学年
造形的なよさや美しさなどに関する鑑賞	基礎能力 +①	・形や色、表し方のおもしろさ、材料の感じに特徴のある作品 **⇒《作品Q-113》元永定正** ・ポーズのまねをしたくなる作品 **⇒《童童広場》籔内佐斗司**	・地域の美術館の身近な作品 **⇒《さすらいの楽師》斎藤真一** ・インパクトの強い印象的な作品 **⇒《船を造る人》海老原喜之助**	・人によってさまざまな見方ができ、話し合える作品 **⇒《真昼》瑛九** ・なぜだろうと思うような不思議な作品 **⇒《老婦と子ども》糸園和三郎**
	基礎能力 +①+②		・自分の考えとは異なることを見つけて、その思いを汲み取れる作品 **⇒友人の作品**	・表現する人の思いについて考える作品 **⇒《ボタン(B)》浜田知明** **⇒《手》小山田二郎**
生活を美しく豊かにする…鑑賞	基礎能力 +③			・よさをとらえたり、美しさについて考えたりする暮らしの中の作品 **⇒食器や家具、ポスターやネオンサイン、造園、建物、工芸品や衣服**
美術文化に関する鑑賞	基礎能力 +①+④			・日本や諸外国の親しみのある美術作品 **⇒《鳥獣人物戯画》**

(参考)平成21-23年度科学研究費補助金基盤研究(B)課題番号21330204「対話による意味生成的な美術鑑賞教育の地域カリキュラム開発」報告書
「北九州市美術鑑賞教育カリキュラム」および「東京都府中市美術鑑賞教育カリキュラム」

※巻末資料Ⅱ、図3～5中の①～⑤についての詳細は、p145～147の図3～5を参照。

■中学校の作品選定例

	育成する資質・能力	中学校 第1学年	中学校 第2学年	中学校 第3学年
造形的なよさや美しさなどに関する鑑賞	基礎能力＋①	・明暗の対比やリズム、色調に特徴ある作品 **⇒《ヴェトゥイユのモネの庭》クロード・モネ** ・自然の色や形から発想した作品 **→《穴の周囲の小石(1987.12.7 三重県紀伊長島町)》アンディー・ゴールズワージー**	・ユーモアや目の錯覚を生かした不思議な作品 **⇒《昼と夜》M・C・エッシャー** ・見方を変えて発想を広げた作品 **⇒《四ツ谷内藤新宿》歌川広重**	・明暗の対比やリズム、色調に特徴ある作品 **⇒《ブロードウェイ・ブギウギ》ピエト・モンドリアン** ・視点を組み合わせて描いた作品 **⇒《ホテル・アカトラン中庭の回遊》デヴィッド・ホックニー**
	基礎能力＋①＋③	・抽象的、幻想的な作品など想像力を働かせながら多様な見方ができる作品 **⇒《旅する人々》マルク・シャガール**	・作家の生き方や主張を考える作品 **⇒《ゲルニカ》パブロ・ピカソ** ・作者の心情や作品の意図を考える作品 **⇒《落葉》菱田春草**	・作者の気持ちを重ねて情景を描いた作品 **⇒《道》東山魁夷** ・自然や環境との調和を考えた作品 **⇒《モエレ沼公園》イサム・ノグチ**
生活を美しく豊かにする…鑑賞	基礎能力＋②＋④	・形や色の組み合わせを工夫した文様などのデザイン作品 **⇒青海波などの伝統文様** ・使う人の気持ちを考えたデザイン作品 **⇒気持ちを伝えるカードなどのデザイン作品** ・情報を伝えるデザイン作品 **⇒絵文字など**	・日本人の自然に対する美意識が見られる作品 **⇒季節感を生かした和菓子** ・暮らしを楽しくするキャラクター **⇒くまモンなどの地域キャラクター** ・主張やメッセージをうまく伝えているポスター **⇒《ヒロシマ・アピールズ》亀倉雄策など**	・日本人の自然に対する美意識が見られる作品 **⇒生け花、石庭、和服の絵柄、襖絵や屏風、扇子** ・暮らしやすい街づくりを目指すデザイン **⇒情報を分かりやすく伝えるピクトグラム**
美術文化に関する鑑賞	基礎能力＋①＋⑤	・日本の美術の特質が表れている美術作品 **⇒《風神雷神図屏風》俵屋宗達**	・日本の美術の特質が表れている美術作品 **⇒《松林図屏風》長谷川等伯**	
	基礎能力＋④＋⑤	・日本の美術の特質が表れている工芸作品 **⇒能面、扇、硯箱など** ・身近な地域の伝統的な工芸品、 **⇒祭りの山車、建造物、家庭にある掛け軸や扇子、風呂敷**	・日本の美術の特質が表れている工芸作品 **⇒アットゥシ、紅型の比較鑑賞** ・シルクロードによる文化の伝播に関する作品 **⇒伎楽面などの正倉院宝物**	諸外国の美術との関係について考え、日本美術の理解を深める作品 **⇒《神奈川沖浪裏》葛飾北斎と《波》カミーユ・クローデルなど、ジャポニスムの作品**

(参考)文部科学省検定済教科書中学校美術科　平成24年度用『美術１』『美術２・３上』『美術２・３下』光村図書

■高等学校の作品選定例

	育成する資質・能力	高等学校 美術Ⅰ	高等学校 美術Ⅱ	高等学校 美術Ⅲ
造形的なよさや美しさなどに関する鑑賞	基礎能力 ＋①	・明暗の対比やリズム、色調に特徴ある作品 **⇒《大工の聖ヨセフ》 G・ド・ラ・トゥール** ・作品の背後にある時代や社会、物語の視点から考える作品 **⇒《プリマヴェーラ》ボッティチェリ** ・素材の生かし方や表現技術の視点からとらえる作品 **⇒《沈黙の目》 マックス・エルンスト**	・水や炎など移ろう自然を主題とする作品を比較鑑賞し、多様な視点から分析し理解する。 **⇒《瀑布図》丸山応挙と《大洪水》レオナルド・ダ・ヴィンチの渦巻く水流のスケッチの水の表現を比較鑑賞**	
	基礎能力 ＋①＋②	・風景に投影された作者の心情や意図と表現の工夫を考える作品 **⇒《花咲く野原》 F・ファン・ゴッホ** ・生涯と作品を通して作者の内面に迫る作品 **⇒パブロ・ピカソの生涯と作品**	・想像上の生物を比較鑑賞し、多様な視点から分析し理解する。 **⇒ユニコーンと鳳凰、ヒエロニスム・ボッシュと伊東忠太の創作を比較鑑賞** ・生涯と作品を通して作者の内面に迫る作品 **⇒オーギュスト・ロダンの生涯と作品**	・作者の主張、時代や社会との関わりなどを考える作品 **⇒《我々はどこから来たのか、我々は何者か、我々はどこへ行くのか》 ポール・ゴーギャン** ・生涯と作品を通して作者の主張に迫る作品 **⇒岡本太郎の生涯と作品**
生活を美しく豊かにする…鑑賞	基礎能力 ＋③	・生活や社会を豊かにする美術の役割を考えるデザイン作品 **⇒イームズ夫婦の作品と生涯**	・心豊かな生き方に関わる美術の役割を考えるデザイン作品 **⇒ル・コルビュジエの作品と生涯**	・国際理解に果たす美術の役割を考えるデザイン作品 **⇒田中一光の作品と生涯**
美術文化に関する鑑賞	基礎能力 ＋①＋④	・簡素化、単純化などの美意識を考え、美術文化の理解を深める作品 **⇒《白象黒牛図屏風》 長澤蘆雪**	・自然を主題とした日本の美術の表現の特質、美術文化の理解を深める作品 **⇒《日月山水図屏風》**	・文化遺産としての美術の特質を理解する作品 **⇒ユネスコの世界遺産**
	基礎能力 ＋③＋④	・日本および諸外国の美術文化について理解を深める作品 **⇒世界の文様の比較鑑賞**	日本人の自然に対する美意識を理解する作品 **⇒襖絵、屏風絵、掛け軸、欄間彫刻など**	

（参考）文部科学省検定済教科書高等学校用芸術科（美術）　平成25年度用『美術１』、平成26年度用『美術２』光村図書

巻末資料Ⅲ｜鑑賞の学習カード例

鑑賞の学習カード

年　　組　　番

この授業のルール
①静かにじっくりと作品を見ること。
②言いたいことがあるときは、手を挙げて自分の順番を待つこと。
③大きな声で、みんなに聞こえやすいように話すこと。
④できるだけ分かりやすい話し方を心がけること。
⑤ほかの人の発言をよく聞くこと。

今日の鑑賞についての感想を書いて下さい。
あてはまるものに○印 1　よくできた　2　まあまあできた　3　あまりできなかった　4　できなかった
作品について授業を通して分かったことをまとめましょう。
最もよかった自分の発言を書いてください。 発言していない人は、言いたかったことを書いてください。

掲載図版一覧

P.2–5
菱田春草
《落葉》
1909年
紙本著色、六曲一双(図版は右隻)
157×362cm
永青文庫(熊本県立近代美術館寄託)

P.20-21
俵屋宗達
《風神雷神図屛風》
17世紀
紙本金地著色、二曲一双
各154.4×169.8cm
建仁寺(京都国立博物館寄託)

P.22
レオナルド・ダ・ヴィンチ
《モナ・リザ》
1503-06年
油彩・板
77×53cm
ルーヴル美術館、パリ
ⓒRMN-Grand Palais (musée du Louvre) / Michel Urtado / distributed by AMF-DNPartcom

P.111
カミーユ・ピサロ
《エルミタージュの丘、ポント・ワーズ》
1867年頃
油彩・キャンヴァス
151.1×200.6cm
ソロモン・R・グッゲンハイム美術館、ニューヨーク

P.185
レオナルド・ダ・ヴィンチ
《最後の晩餐》1495-97年
油性テンペラ・壁画
460×880cm
サンタ・マリア・デッレ・グラッツェ教会、ミラノ
画像=WPS

P.186
瑛九
《真昼》
1958年
油彩・キャンヴァス
38×49.5cm
府中市美術館、東京

P.187
上田薫
《なま玉子B》
1976年
油彩・アクリル・キャンヴァス
227×182cm
東京都現代美術館
ⓒ上田薫
Image: 東京都歴史文化財団イメージアーカイブ

P.188
北脇昇
《クォ・ヴァディス》
1949年
油彩・キャンヴァス
東京国立近代美術館
Photo: MOMAT/ DNPartcom

P.189
アンドリュー・ワイエス
《クリスティーナの世界》
1948年
テンペラ・板
81.9×121.3cm
ニューヨーク近代美術館
ⓒAndrew Wyeth. Museum of Modern Art, New York/ Licensed by SCALA/ Art Resource, NY

P.190
斎藤真一
《さすらいの楽師》
1979年
岡山県立美術館
ⓒ斎藤真一

P.191
マルク・シャガール
《旅する人々》
1968年
セレ近代美術館
ⓒADAGP, Paris & JASPAR, Tokyo, 2014, Chagall® C0356
ⓒCentre Pompidou, MNAM-CCI, Dist. RMN-Grand Palais / Philippe Migeat / distributed by AMF

風神雷神はなぜ笑っているのか——対話による鑑賞完全講座

二〇一四年一一月二〇日初版第一刷発行
二〇一九年　五月二五日　　第二刷発行

著者　上野行一
発行者　小泉 茂
発行所　光村図書出版株式会社
東京都品川区上大崎二-一九-九
［郵便番号］一四一-八六七五　［電話番号］〇三-三四九三-二一一一

印刷所　株式会社加藤文明社
製本所　株式会社難波製本

ISBN978-4-89528-894-1

編集　染谷ヒロコ(atopicsite)
イラストレーション　時川真一・小倉隆典
校正　小林達夫（ペーパーハウス）